Bastelspaß Ostern

Anne Pieper

Bastelspaß Ostern

Serviettentechnik, Window-Color und Plusterpens

Bassermann

Inhalt

Vorwort

Liebe Bastelfreunde,
Osterzeit ist Bastelzeit. Was kann es Schöneres geben, als das Heim für die Feiertage mit selbst gefertigten Accessoires zu schmücken? Aber Osterbasteln bedeutet heute nicht mehr nur, den Osterstrauch mit ausgeblasenen Eiern zu behängen. Gerade in den letzten Jahren sind eine Vielzahl von neuen Techniken, wie Window-Color, Plusterpens und Serviettentechnik, entstanden, mit denen man ganz besondere Osterobjekte zaubern kann.
Die Arbeit an diesem Buch hat mir besonders viel Freude gemacht, da es neben den beliebten „Klassikern", wie Osterstrauch und -kranz, viele besonders freche und witzige Bastelideen enthält. Der Einfall für das lustige Hasenrennen (Seite 56) z. B. ist mir während eines Frühstücks mit meiner Freundin und Mitarbeiterin Andrea Fischer und meinem Lebensgefährten gekommen. Wir saßen kichernd am Tisch und überlegten uns, wie so ein Autorennen mit Hasen aussehen könnte. Die guten Ideen sprudelten nur so aus uns heraus und ich skizzierte turboschnell, um alles festzuhalten. Später, als ich alle Einfälle ausgearbeitet und sauber gezeichnet habe, musste ich noch immer lachen, weil mir das Ergebnis so gut gefiel. Aber eigentlich haben mir alle Objekte viel Freude gemacht. Beim Nachbasteln wünscht Ihnen genauso viel davon

Ihre Anne Pieper

Material und Technik

Serviettentechnik

Material

Für die Serviettentechnik (Servage-Technik) werden Papierservietten benötigt, aus denen Motive ausgeschnitten oder -gerissen werden. Für das Aufkleben brauchen Sie Servietten-Klebelack (gibt's im Bastelladen) und einen möglichst weichen Pinsel (z. B. Lackierpinsel).

Technik

- Schneiden oder reißen Sie ein Motiv aus einer Serviette. Entfernen Sie bei großen Motiven ein bis zwei Schichten unbedrucktes Papier, bei kleinen Motiven immer zwei.

Tipp
Sollten sich die Schichten schlecht lösen, drücken Sie zum Abziehen Klebefilm auf das Papier.

- Streichen Sie den Untergrund gründlich, aber nicht zu satt mit Klebelack ein und legen Sie das Motiv auf. Drücken Sie das Papier von der Mitte nach außen an.
- Dann wird das Motiv versiegelt. Dazu vorsichtig von innen nach außen mit Klebelack überstreichen. Den Lack trocknen lassen. Den Pinsel bei der Arbeit immer wieder mit Wasser auswaschen, da er sonst hart wird.

Tipp
Wollen Sie einen mit Serviettenmotiven verzierten Gegenstand, z. B. einen Blumentopf, ins Freie stellen oder bepflanzen, sollten Sie ihn auch von innen mit Klebelack versiegeln.

Candle-Pen
Candle-Pen
EBERHARD FABER
FIMO
SOFT
EBERHARD FABER
FIMO
SOFT
EBERHARD FABER
FIMO
SOFT
Marabu
Seidenmatt-
lack
Satin matt varnish
Vernis satiné
Marabu
Buntlack
Graphic-Spray
Seidenmatt
fun&fancy
fun&fancy
fun&fancy
aqua
Klarlack
Decormatt
mat
mate
Decormatt
mat
mate
Fun Liner Magic
for textile, paper and more...
Fun Liner
for textile, paper and more
Fun Liner Magic
for textile, paper and more...
Marabu
fun&fancy
Windrad-
Marabu
fun&fancy
Adhäsionsfolie
Selbst-
haftende
Weichfolie
3 x A4

- Nach dem Trocknen ist das Serviettenpapier fest mit dem Untergrund verbunden und hat eine glatte, feste Oberfläche. Es kann dann beispielsweise mit Plusterpens (Seite 9) überarbeitet werden.

Den Vorgang des Serviettenaufklebens nenne ich übrigens in den Anleitungen der Einfachheit halber „potschen".

Tipp

Wenn Sie auf einem sehr planen Untergrund arbeiten, können Sie das Motiv vor dem Versiegeln auch aufbügeln. Es wird dann ganz glatt.

Der richtige Untergrund ist für das Ergebnis sehr wichtig. Eigentlich lassen sich fast alle Untergründe mit Servietten bekleben. Keramik, Holz und Karton können Sie mit jedem Servage-Kleber veredeln. Manche Materialien, z.B. Textilien, Porzellan, Glas und Kerzen, verlangen allerdings nach Spezialklebern. Bei glatten Kunststoffen kann es manchmal nötig sein, die Oberfläche mit feinem Schleifpapier anzurauen. Der Untergrund sollte immer hell sein, denn ein dunkler scheint durch das Motiv durch und dunkelt es stark ab. Für das Aufhellen von Untergründen sind Acrylfarben gut geeignet. Wichtig beim Grundieren: Immer in eine Richtung streichen, denn die Pinselstriche bleiben oft durch die Serviette zu erkennen.

Acrylfarbe

Acrylfarbe ist wasserlöslich und trocknet sehr schnell. Sie deckt gut, haftet auf fast allen Untergründen und lässt sich sehr gut vermalen. Außerdem kann sie mit Wasser verdünnt und ausgewaschen werden.

Acrylfarben können mit verschiedenen Pinseln (feine Haarpinsel, schmale, eher weiche Borstenpinsel, schmale Lackierpinsel) oder mit dem Malschwämmchen aufgetragen werden. Wenn Sie mit dem Malschwämmchen arbeiten, geben Sie etwas Farbe auf einen Teller und verteilen diese. Nehmen Sie dann mit dem Schwämmchen sehr wenig Farbe auf und tupfen Sie sie auf den Untergrund.

Window-Color

Material

Als Grundausstattung für das Malen mit Window-Color brauchen Sie Window-Color-Farben in verschiedenen Farbtönen, Schmierpapier, Adhäsionsfolie (falls nicht anders angegeben), einen Zahnstocher und eine Schere.

Technik

Window-Color ist ein malbarer, flüssiger Kunststoff, der nach dem Trocknen fest wird. Gemalt wird mit einer kleine Tülle, die oben an den Fläschchen sitzt. Bei der Arbeit Malfläschchen vorsichtig drücken, und so die Farbe gleichmäßig freigeben.

Tipp

Schlagen Sie beim Malen mit der Flasche diese immer wieder kurz gegen die Tischkante, so läuft die dickflüssige Farbe schneller nach und Sie vermeiden Spritzer.

Window-Color-Farben sind untereinander mischbar und beim Malen milchig. Sie werden aber nach einigen Stunden transparent (Ausnahme: Weiß, Perlmutt und Nachtleuchtend).

Sie können mit Window-Color auf eine Malfolie oder eine Prospekthülle malen und die Motive nach dem Trocknen abziehen und auf einen glatten Untergrund kleben. Unempfindlicher und einfacher vom Fenster abzulösen sind aber Window-Color-Bilder, die auf Adhäsionsfolie gemalt werden. Wie Window-Color haftet diese auf allen glatten Oberflächen. Will man ein Window-Color-Bild als Anhänger verwenden, kann man auf Windradfolie malen.
Sehr kleinteilige Motive, feine Linien und spitze Ecken malen Sie mit einem Zahnstocher, der in die Farbe getaucht wird. Wenn Sie zum Malen Pinsel verwenden, müssen Sie diese sofort nach Gebrauch mit kaltem Wasser auswaschen.

Tipp
Flecken auf der Kleidung müssen sofort mit kaltem Wasser herausgewaschen werden.

Neben Ihren Malsachen sollten Sie immer ein Schmierblatt liegen haben, um den ersten Tropfen aus der Flasche darauf zu tupfen. So können Sie sofort erkennen, ob die Tülle verschmutzt oder verstopft ist. Durch Luftblasen in den Flaschen kann es außerdem zu Beginn der Arbeit zu Spritzern kommen. Diese gehen dann aufs Papier und nicht auf Ihr Bild.

Tipp
Lagern Sie die Flaschen über Kopf (z. B. in einer alten Tasse). Dies verhindert, dass sich eine „Haut" bildet, die die Tülle verstopft.

Es dauert etwa sechs bis acht Stunden, bis das Window-Color-Bild trocken ist und aufgeklebt werden kann.
Window-Color darf nicht mit Papier in Berührung kommen, da dieses daran kleben bleibt. Wenn Sie Bilder aufbewahren oder verschenken wollen, sollten Sie sie vorher in eine Klarsichthülle stecken. Auch wenn die Bilder sich trocken anfühlen, sollten Sie sie erst frühestens nach drei Tagen in eine Hülle legen, da sonst glänzende Stellen auf der Oberfläche entstehen können.

Tipp
Bewahren Sie leere Flaschen zum Mischen von Spezialfarbtönen auf. Eventuell vorher mit kaltem Wasser auswaschen.

Plusterpens

Material
Für das Arbeiten mit Plusterfarben benötigen Sie Plusterpens in verschiedenen Farbtönen, Schmierpapier und Zahnstocher.

Technik
Plusterfarbe ist wie Window-Color ein malbarer Kunststoff, der aus einem kleinen Fläschchen auf den Malgrund aufgebracht wird. Feine Linien und Punkte können mit dem Zahnstocher gesetzt werden. Die Farbtöne sind untereinander mischbar. Weil die Plusterfarbe sehr dickflüssig ist, kann sie sehr gut dreidimensional vermalt werden.
Das Besondere an Plusterfarben ist, dass sie im Backofen „aufgebläht" werden können, wodurch die Malerei besonders plastisch wird. Die Motive nach dem Trocknen bei 130 °C im Ofen „backen". Soll eine Figur besonders hoch werden, müssen Sie die Farbe in mehreren Schichten auftragen.

Sie können mit Plusterfarben auch auf Stoff malen, der dann von der Rückseite gebügelt wird, um die Farben aufzuplustern.
Trockene Plusterfarbe lässt sich mit der Schere schneiden. Flecken und Pinsel können bei noch feuchter Farbe mit kaltem Wasser ausgewaschen werden.

Tipp
Als erhabene Kontur kann Plusterfarbe auf Window-Color-Bilder gemalt werden, natürlich darf sie dann aber nicht erhitzt werden.

Bei der Arbeit sollten Sie immer ein Schmierblatt neben sich liegen haben, um den ersten Tropfen aus der Flasche darauf zu tupfen – so vermeiden Sie beim Malen Spritzer. Die Flaschen am besten über Kopf lagern, um ein Verstopfen der Tülle zu vermeiden. Heben Sie leere, saubere Flaschen zum Mischen von Spezialfarbtönen auf.
Übrigens: Wenn Plusterfarbe nicht im Ofen „aufgepufft" wird, muss die Oberfläche vor dem Kontakt mit anderen Materialien durch eine Folie geschützt werden. Das heißt: Eier, Dosen, Window-Color-Bilder usw. zum Lagern, Verschicken und Verschenken in Frischhaltefolie wickeln oder in Plastikhüllen stecken.

Flüssigwachs

Flüssigwachs ist, wie der Name schon sagt, ein flüssiges Wachs, mit dem Sie auf Wachsfolie und Kerzen malen können. Die Farben sind untereinander mischbar. Beim Trocknen schwindet der Farbauftrag, bleibt aber erhaben. Flüssigwachs hat eine sehr lange Trockenzeit von drei bis 24 Stunden, ist dann aber recht fest und robust. Flüssigwachs lässt sich gut mit Kerzensand, Sand und Servietten kombinieren. Flecken und Pinsel können mit heißem Wasser ausgewaschen werden. Bemalte Kerzen sollen Sie zum Lagern oder Verschenken in etwas Frischhaltefolie wickeln.

Härtbare Modelliermasse

Härtbare Modelliermasse (z. B. Fimo) ist ein Kunststoff, der durch Kneten elastisch wird und im Backofen bei 130 °C aushärtet. Das Material ist etwas spröde und sehr dünne Teile sind daher empfindlich. Die Farben sind durch Verkneten untereinander mischbar. Fertige Objekte können mit Kontakt- oder Heißkleber mit anderen Materialien verbunden werden.

Eier färben und bemalen

Material
Am besten fürs Eierfärben sind Hühnereier. Die von „glücklichen Hühnern" sind meistens etwas fester. Weiße Eier lassen alle Farben brillant wirken, braune verändern Farbtöne zum „Natürlichen" hin, sodass sie bräunlicher und dunkler werden. Außerdem brauchen Sie fürs Färben

warmes Seifenwasser, einen kleinen Kreuzschlitzschraubendreher, eine große Einwegspritze mit Nadel, einen Topf, Färbetabletten oder -papier, Einmachgläser (pro Farbe ein Glas), einen Esslöffel, Essigessenz und alte Zeitung.
Für das Bemalen und Verzieren von Eiern brauchen Sie außerdem Pinsel und Farben sowie Eierspieße, die das Bemalen enorm erleichtern. Sie werden aus Schaschlikspießen und Korken gefertigt. Für das Zuschneiden der Korken benötigen Sie ein scharfes Messer.

Technik

- Waschen Sie die Eier gründlich und trocknen Sie sie ab.
- Die Spitze eines Eis mit dem Schraubendreher sachte anbohren, sodass ein kreisrundes Loch entsteht.
- Halten Sie das Ei mit dem Loch nach unten über einen Topf und drücken Sie mit der Spritze Luft ins Ei. Durch den Überdruck fließt die Eiflüssigkeit heraus.
- Bohren Sie nun ein zweites Loch in den Eiboden. Pusten Sie einmal kräftig mit dem Mund in das Ei, sodass die Reste heraustropfen.
- Waschen Sie das Ei dann nochmals ab. Ganz sauber wird es, wenn Sie mit der Spritze Seifenwasser hineinspritzen.
- Stellen Sie aus den Färbetabletten, je einem halben Esslöffel Essigessenz und Wasser möglichst konzentrierte Farbtunken her, und legen Sie die ausgeblasenen Eier hinein. Da sie im Färbewasser schwimmen, müssen sie alle paar Minuten gewendet werden, damit die Färbung gleichmäßig wird.
- Beim Bemalen und Verzieren der Eier erleichtern Eierspieße die Arbeit. Schneiden Sie dafür einen Korken in Scheiben. Jeweils zwei Scheiben auf einen Schaschlikspieß schieben.
- Wenn Sie die Eier bemalen, spießen Sie das Ei zwischen den Korkscheiben auf. Zum Trocknen den Spieß z. B. in einen Becher stellen.

Aufhängungen für Eier

Es gibt verschiedene Möglichkeiten, Aufhängungen an Eiern anzubringen.

a) Für jedes Ei zwei kleine Kreise (Ø 5 mm) aus Filz ausschneiden. Ein 20 cm langes Stück Sticktwist abschneiden. Auf drei Fädchen reduzieren, durch eine Stopfnadel fädeln und erst mittig durch ein Filzplättchen, dann von unten durch das Ei ziehen. Oberes Filzplättchen von unten nach oben, dann wieder nach unten durchstechen. Faden wieder durch das Ei und das untere Filzstück ziehen. Die Fadenenden verknoten.
b) Ein 20 cm langes Stück Satinband zur Schlaufe binden und mit Heißkleber an der Spitze des Eis befestigen.
c) Schmuckkappe mit Kontaktkleber auf die Spitze des Eis kleben. Satinband verknoten und durch die Öse schlaufen.

Vorlagen abpausen

Zum Übertragen der Motivvorlagen (ab Seite 66) Transparentpapier auf die entsprechende Zeichnung legen und die Konturen mit Bleistift nachziehen. Die Transparentpapiervorlagen für Window-Color-Bilder einfach unter die Adhäsionsfolie legen. Soll eine Vorlage beispielsweise auf Pappe übertragen werden, wird sie entweder mit Kohlepapier vom Transparentpapier übertragen oder aus diesem ausgeschnitten, danach wird die Kontur mit Bleistift nachgefahren.

Romantisches Osternest

In diesem hübschen Korb können Sie Ostereier oder Süßigkeiten aufbewahren oder verschenken. Man kann aber auch Ostergras oder Frühlingsblüher (z. B. Primeln) hineinpflanzen.

Das brauchen Sie

Wellpappe in Weiß
Servietten-Klebelack
weicher Pinsel
Serviette mit Hühnermotiv, hinter dem eine Landschaft sichtbar wird (z. B. von IHR)
Schere
Karoband in Hellblau-Weiß, 40 mm breit
Myrthendraht in Gold
Seitenschneider
Heißkleber
rechteckiger Korb, etwa 27 x 18 cm, 10 cm hoch
kleines Holzei in Blau
Federn in Hellblau und Hellgelb
etwas Heu

Anleitung

- Wellpappe mit Klebelack einstreichen und das grob zurechtgeschnittene Motiv aufkleben. Mit Klebelack übergehen. Nach dem Trocknen ausschneiden. Dabei die Küken sowie den Schwanz der Henne exakt, den Himmel wolkig und das Gras gezackt schneiden.
- Aus dem Karoband eine schöne Schleife binden. Ein 25 cm langes Stück Band in der Mitte mit Myrthendraht zusammenfassen und die Schleife darauf kleben.
- Hühnermotiv hinten und Schleife vorne an den Korb kleben.
- Holzei mit Heißkleber auf die Schleife setzen und den Korb mit den Federn dekorieren.
- Zuletzt Heu in den Korb geben und Ostereier hineinlegen.

Tipp

Wenn Sie keine Serviette finden, auf der Küken mit Henne und Landschaft zusammen zu sehen sind, können Sie eine solche Szene auch gut selbst neu aus verschiedenen Servietten komponieren.

Poppige Osterdeko

Für den, der es etwas flippiger mag, sind diese Accessoires genau das Richtige. Die Spandosen sind auch nach Ostern noch praktisch, da man alles Mögliche darin verstauen kann.

Das brauchen Sie

Grundmaterial
alte Zeitung
Sprühmattlack, hier in Violett
Servietten mit poppigen Blumenmotiven (z. B. von Stewo fashion)
Schere
Servietten-Klebelack
weicher Pinsel
Cutter
Schneidunterlage
farblich zu den Servietten passende Plusterpens, hier Dunkelrot und Orange

Spandosen
2 ovale Spandosen in verschiedenen Größen
Acrylfarbe in Weiß, Pinsel

Eier für den Osterstrauch
ausgeblasene, weiße, rosa gefärbte Hühnereier
Schmuckkappen, Klebstoff
Satinband in Orange, 3 mm breit

Aufsteller
dünne Wellpappe in Weiß
Bleistift, Seitenschneider
Tierauge in Schwarz, Ø 16 mm
Tiernase in Schwarz, Ø 19 mm
Heißkleber
Schleifenband in dunklem Pink, 40 mm breit

Anleitung

Spandosen
- Zerlegte Spandosen auf die Zeitung legen und mit dem Mattlack rundum einsprühen.
- Die Deckeloberseiten mit Acrylfarbe weiß grundieren.
- Serviette vollflächig und einlagig auf die Dosendeckel „potschen". Nach dem Trocknen mit dem Cutter vorsichtig die überstehende Serviette am Rand entlang abschneiden.
- Blüten und Deckelränder mit Plusterfarben nachmalen.

Eier für den Osterstrauch
- Serviettenmotive exakt ausschneiden und auf die Eier „potschen".
- Nach dem Trocknen Blüten mit Plusterfarben nachmalen.
- Schmuckkappen auf die Eier kleben.
- Vom Satinband 20 cm lange Stücke abschneiden, verknoten und durch die Ösen ziehen.

Aufsteller
- Serviette einlagig auf die weiße Wellpappe „potschen". Mit dem Bleistift auf der Rückseite Ei- und Hasenform aufzeichnen und mit dem Cutter ausschneiden.
- Die Motive an der Unterseite mit wenig Mattlack besprühen.
- Für die Ständer aus der Pappe 3 cm breite Streifen schneiden. Gemäß der Vorlage von Seite 73 falten und hinter das Motiv kleben.
- Mit dem Seitenschneider den Draht und den Kunststoffstift auf den Rückseiten von Tierauge und -nase abknipsen. Nase und Auge auf den Hasen kleben. Zum Schluss dem Hasen eine Schleife um den Hals binden

Im Hühnerstall

Die Window-Color-Hühner lassen sich ganz nach Geschmack kombinieren. Natürlich können auch einzelne Motive herausgelöst werden. Beispielsweise passt das liegende Huhn prima an die Schlafzimmertür. Vorlagen finden Sie auf den Seiten 66 bis 68.

Das brauchen Sie

Window-Color-Farben in Perlmutt, Türkis, Glittereis, Rosa, Terrakotta, Bernstein, Hellbraun, Grün, Russischgrün, Blau, Gelb und Schwarz
Adhäsionsfolie
7 Wackelaugen, Ø 3 mm, Wattestäbchen
Plusterpens in Weiß, Rot, Gelb, Hellblau, Schwarz, Braun, Orange und Grün
Schere

Anleitung

Weiße Hühner

- Window-Color ohne Konturlinien auf die Folie malen. Für die Federn die Farbflasche mit Perlmutt ansetzen, Farbe punktförmig herausdrücken und spitz nach vorn ziehen. Hühnerstange (auch bei allen anderen Hühnern) in Türkis aufmalen. Die Flügel der Fliegen werden in Glittereis gemalt.
- Wenn das Perlmutt trocken ist, einen Punkt in Rosa auf den Kopf setzen. Wackelauge mit einem feuchten Wattestäbchen einsetzen.
- Bei der Hahnenfreundin das Auge mit Plusterpen malen und etwas „Rouge" auftupfen.
- Mit den Plusterpens Konturen, Details und vollflächig Schnabel, Kamm und Kehllappen sowie die Körper der Fliegen malen.
- Nach dem Trocknen wird das Motiv (auch alle folgenden) konturnah ausgeschnitten. An sehr „engen" Stellen die Folie stehen lassen.

Hahn

- Oberkörper in Terrakotta und Bernstein von unten nach oben stricheln. Unterkörper ebenso in Terrakotta und Braun stricheln. Akzente in Grün hineinsetzen. Schwanzfedern gestreift in Grün, Russischgrün und Blau ausführen. Alle Farben mit dem Zahnstocher nachziehen.
- Wackelauge mit Wattestäbchen einsetzen.
- Mit den Plusterpens Konturen und Details malen.

Braune Hühner

- Körper in verschiedenen Brauntönen stricheln. Farben mit dem Zahnstocher nachziehen.
- Wackelaugen in die feuchte Farbe setzen.
- Mit Plusterpens Konturen und Details aufmalen. Für den Hühnerdreck Braun und Weiß mit dem Zahnstocher vermischen.

Schwarzbraunes Huhn

- Kopf, Hals und Oberkante des Flügels in Bernstein und Gelb stricheln. Den Rest in Schwarz malen, den Hals in Schwarz von hinten nach vorne stricheln. Mit dem Zahnstocher wenig Schwarz um die Augenpartie einrühren.
- Wackelauge in die feuchte Farbe setzen.
- Mit den Plusterpens Konturen und Details aufmalen.

Lustige Möhrengirlande

Diese Girlande ist der Hit für Ihre Fenster- oder Türdeko. Auf der Rückseite der Hasen sind Saugnäpfe angeklebt, sodass die beiden an jeder glatten Fläche befestigt werden können.

Das brauchen Sie

Servietten mit großen Comic-Hasenmotiven (z. B. von Herlitz Dekor)
Schere
Servietten-Klebelack
weicher Pinsel
dünne Wellpappe in Weiß
2 Tiernasen, Ø 19 mm
Seitenschneider
Kokoskordel, Ø 10 mm
Heißkleber
Schleifenband in Gelb, 40 mm breit
1 kleines Blümchen aus Stoff
Holzwolle in Grün, Blau, Orange und Rot
Nähgarn in Grün, Blau, Orange und Rot
Filz in Grau, 3 mm stark
2 kleine Knöpfe, Lochzange
gewachste Kordel in Schwarz
4 Saugnäpfe
2 Schaschlikspieße
Weidenkätzchenzweige
loser Sisal in Grün und Orange
Myrthendraht in Grün
Möhrenkranz
Wachsmöhren, 7,5 und 11,5 cm
Karoband in Orange-Weiß, 5 mm breit
1,50 m Kokoskordel in Grün
Birkengrünzweige
Stecknadeln

Anleitung

- Hasenköpfe auf Wellpappe „potschen". Nach dem Trocknen sauber ausschneiden.
- Kunststoffstift auf der Rückseite der Tiernasen abtrennen. 5 cm Kokoskordel aufspleißen. In der Mitte mit Garn gefasst als Barthaare auf die Hasenköpfe kleben. Tiernasen darüber setzen.
- Für die Häsin eine Schleife binden, zusammen mit dem Blümchen aufkleben.
- Körper (Vorlagen Seite 69f.) aus Pappe ausschneiden. Holzwolle mit Garn festwickeln.
- Für die Arme je 10 cm, für die Beine je 11 cm lange Stücke von der Kordel abschneiden. Mit der Schere Löcher für Arme und Beine in die Körper bohren. Kordelstücke einkleben.
- Für jede Figur die Hände viermal und die Füße zweimal aus dem Filz ausschneiden (Vorlagen Seite 69f.). Mädchenschuhe mit den Knöpfen versehen. Knabenschuhe lochen, die Kordel einziehen und eine Schleife binden.
- Hände beidseitig an die Kokoskordel kleben, Füße nur von vorne aufsetzen.
- Mit der Schere jeweils zwei Löcher für die Saugnäpfe in die Körperrückseiten bohren und diese mit reichlich Heißkleber befestigen.
- Spieße auf 10 cm kürzen und zur Hälfte in Köpfe und Körper schieben. Köpfe festkleben.
- Weidenzweige in Stücke zerteilen. Grünen Sisal zu Schlaufen legen, die Zweigstücke darauf setzen und mit Draht fassen.
- Schlaufen aus orangefarbenem Sisal wickeln. Möhrenkranz zerteilen, Möhren mit Draht auffädeln und an die Schlaufen binden.
- Wachsmöhren mit Karoband an die grüne Kordel knoten. Birkengrün und Sisalschleifen mit Draht und Heißkleber befestigen.
- Die Enden der Kordel mit etwas Heißkleber sichern. Die Girlande kann auch mit Stecknadeln an den Hasenhänden befestigt werden.

Eier für den Osterstrauch

Bunte und verzierte Eier für den Osterstrauch sind wohl der klassischste Osterschmuck. Mit Plusterpens, Serviettentechnik und Glasperlen kann man aber ganz neue Effekte erzielen.

Das brauchen Sie

Grundmaterial
Servietten mit verschiedenen kleinen Motiven: Blütenbordüren, Küken, Blumen, Schmetterlinge, Vögel (z. B. von Atelier, Stewo, Smits, IHR, Plaid)
Schere
Servietten-Klebelack
weicher Pinsel
ausgeblasene und gefärbte weiße Hühnereier
Eierspieße
Plusterpens in verschiedenen Farben

Glitzereier
dünne Wellpappe in Weiß
Glaskügelchen, Ø 0,3 mm
alter Teller

Aufhängungen
Filz passend zur Farbe der Eier
Sticktwist in verschiedenen Farben
Stopfnadel
Satinband in verschiedenen Farben, 3 mm breit
Heißkleber
Schmuckkappen (klein), Kontaktkleber

Anleitung

Eier mit Bordüren

- Serviettenmotive als Bordüren (Streifen) ausschneiden.
- Klebelack in einem unregelmäßigen „Streifen" um das Ei auftragen und Serviettenmotive aufkleben. Mit Klebelack überlackieren und trocknen lassen.
- Details wie Grashalme, Blütenblätter usw. mit Plusterpens hervorheben. Eventuell auch die Bohrlöcher verzieren.
- Aufhängungen an den Eiern befestigen (siehe Seite 11).

Tipp
Die Eier müssen nicht gefärbt sein, auch naturbelassene oder bemalte Eier sehen schön aus.

Glitzereier

- Serviettenmotive ausschneiden und mit Klebelack auf einen Teil der Eier kleben.
- Einige Vogel- bzw. Blütenmotive auf weiße Wellpappe „potschen". Nach dem Trocknen ausschneiden und mit Plusterpens verzieren.
- Die Eier komplett mit Klebelack einstreichen und über dem Teller rundum mit Glaskügelchen bestreuen.
- Aufhängungen an den Eiern befestigen (siehe Seite 11) und bei einigen die auf Pappe aufgeklebten Motive an die Bändchen kleben.

Alle meine Entchen

Auf der festlichen Ostertafel ist der große Tischkranz ein echtes Highlight. Das kleine Kränzchen ist aus echten Wachteleiern gefertigt und ein schöner Schmuck fürs Fenster

Das brauchen Sie

Tischkranz
Servietten mit Entenküken (z. B. von Atelier)
Schere
Servietten-Klebelack
weicher Pinsel
dünne Wellpappe in Weiß
Strohrömer, Ø 35 cm
Moos
Nähgarn in Grün
Stoffblumen
Ried
Birkengrünranken
Weidenkätzchenzweige
Ziergras
Blumendraht, Seitenschneider
Heißkleber
verschiedene ausgeblasene Eier (z. B. Wachteleier, Hühnereier), natur oder bemalt
Perlhuhnfedern
loser Sisal in Grün
Organzaband in Grün und Weiß, 40 mm breit

Eierkränzchen
Servietten mit Entenküken (z. B. von Atelier), Schere
Servietten-Klebelack
weicher Pinsel
dünne Wellpappe in Weiß
12 ausgeblasene Wachteleier
Blumendraht, Seitenschneider
Organzaband in Cremeweiß, 40 mm breit
Myrthendraht in Gold
Heißkleber, Gräsergirlande

Anleitung

Tischkranz

- Entenküken grob ausschneiden und auf die Wellpappe „potschen". Nach dem Trocknen sauber ausschneiden.
- Römer mit Moos belegen, mit Nähgarn festwickeln. Stoffblumen, Ried, Ranken, Zweige und Ziergras schön verteilt in den Römer stecken (eventuell Draht verwenden) bzw. daran festkleben.
- Eier und Entenmotive auf dem Kranz anordnen und festkleben. Die unbearbeiteten Rückseiten der Entenküken mit Blättern, Blumen und Federn bekleben, sodass die Pappe nicht mehr sichtbar ist.
- Einige Sisalfäden und die Federn locker auf dem Kranz verteilen und mit etwas Heißkleber befestigen.
- Aus je einem grünen und einem weißen Stück Organzaband zwei schöne, große Schleifen binden und an den Kranz kleben.

Eierkränzchen

- Entenküken grob ausschneiden und auf die Wellpappe „potschen". Nach dem Trocknen sauber ausschneiden.
- Wachteleier auf den Draht auffädeln. Draht mit Eiern zu einem Kranz formen; Enden verdrillen und kurz abschneiden.
- Ein 15 cm langes Stück Organzaband in der Mitte mit Myrthendraht fassen.
- Entenmotiv auf den Kranz kleben. Darunter die Girlande und die „Schleife" befestigen.
- Ein 60 cm langes Stück Organzaband verknoten und oben am Kranz anschlaufen.

Ostern im Hühnerhaus

Im Hühnerstall wartet der Hahn auf seine Hennen. In der dekorativen kleinen Kiste kann man Ostereier aufbewahren oder man verwendt sie als Osternest.

Das brauchen Sie

Fotokarton in Weiß
Schere
kleine Obstkiste
Heißkleber
Servietten mit Hühnermotiven (z. B. von Atelier)
Servietten-Klebelack
weicher Pinsel
breiter Pinsel
Acrylfarbe in Dunkelblau und Weiß
Mischteller
Dekozaun in Blau
Seitenschneider
kleine Blumen aus Holz
loser Sisal in Orange

Anleitung

- Den Fotokarton so zuschneiden, dass er genau den Boden der kleinen Obstkiste abdeckt. Mit Heißkleber festkleben.
- Sichtbare Flächen der Kiste mit Acrylfarbe weiß streichen.
- Aus einer Serviette das gewünschte Motiv ausschneiden. Ein bis zwei der hinteren Papierlagen abziehen.
- Klebelack mit dem weichen Pinsel auf den Kistenboden streichen, Serviette auflegen und andrücken. Die Oberfläche mit Klebelack betupfen. Gut trocknen lassen.
- Für die weitere Gestaltung der Kiste Bordüren (z. B. von den Rändern der Servietten) ausschneiden und mit Klebelack auf die Griffe der Obstkiste kleben.
- Die Seiten der Kiste nach Wunsch mit Serviettenmotiven gestalten.
- Mit dem breiten Pinsel die unbeklebten Teile der Kiste mit dunkelblauer Acrylfarbe bemalen und trocknen lassen.
- Für den zweiten Malgang Weiß und wenig Blau mit dem Pinsel aufnehmen und über die dunkelblaue Fläche streichen.
- Den Dekozaun auf die passende Länge schneiden und mit Heißkleber am unteren Rand und an den Seiten der Kiste befestigen.
- Holzblumen mit Heißkleber anbringen.
- Zum Schluss den Sisal als „Nistmaterial" hinter dem Zaun in die Kiste legen.

Tischdeko mit „blauen“ Gänsen

Für diese Tischdekoration wurden Gänsemotive in Serviettentechnik auf die verschiedenen Objekte aufgebracht. So verwandeln Sie die Ostertafel in einen lustigen Gänsestall.

Das brauchen Sie

Grundmaterial
Servietten mit Gänsemotiven (z.B. von Smits)
Schere
Servietten-Klebelack
weicher Pinsel
Tonkarton in Weiß
Heißkleber
Seitenschneider
Karoband in Blau-Weiß, 20 mm breit
loser Sisal

Gabel mit Gans
kleine Holzgabel
Myrthendraht in Gold
kleines Dekoei in Hellblau

Gans am Zaun
Dekozaun
Stoffblümchen

Gans im Körbchen
Korb, 6 x 10 cm
kleine Dekoeier in Hellblau und Weiß

Platzweiser
Splittstab, Gartenschere
Blumentöpfchen, 4 cm hoch
Plusterpen in Weiß und Maisgelb

Anleitung

Gabel mit Gans
- Gans mit Klebelack auf den Karton „potschen“. Nach dem Trocknen exakt ausschneiden, zwischen den Beinen etwas Gras stehen lassen. Mit Heißkleber die Gans auf die Gabel kleben.
- Aus dem Band eine schöne Schleife binden und vor der Gans auf die Gabel kleben.
- Sisal zu einer Schlaufe legen und mit Golddraht an der Gabel befestigen. Das Dekoei aufkleben

Gans am Zaun
- Gans auf den Karton „potschen“ und nach dem Trocknen ausschneiden.
- Dekozaun auf 20 cm kürzen und zu einem Bogen biegen.
- Mit Heißkleber Sisal, Blümchen und die Gans an den Zaun kleben.

Gans im Körbchen
- Gans auf den Karton kleben und ausschneiden.
- Den Korb mit Sisal füllen. Eine Schleife binden und am vorderen Rand ankleben. Auf die Schleife ein Dekoei setzen. Die Gans an die hintere Kante des Korbs kleben.
- Korb mit Dekoeiern oder Süßigkeiten füllen.

Platzweiser
- Gans auf den Karton kleben und ausschneiden.
- Splittstab auf 6 cm kürzen und mit reichlich Heißkleber in das Loch im Töpfchen kleben. Die Gans an den Stab kleben.
- Mit Plusterpens Blümchen und Namen auf das Töpfchen malen. Liegend trocknen lassen.

Tipp
Sie können auch das Tischtuch passend gestalten. Wie's geht, erfahren Sie auf Seite 54.

ANNE
TOM

Lustige Eierköpfe

Zu Ostern immer nur Hühner, Hasen und Frühlingsblüher? Nein! Diese munteren Gesellen beweisen, dass die Osterdeko durchaus frech und witzig sein kann.

Das brauchen Sie

kleine, braune Hühnereier
Plusterpen in Hautfarben (eventuell anmischen)
Schaschlikspieß
Acrylfarbe in Schwarz, Weiß, Rot und Hellbraun
Zahnstocher
feiner Haarpinsel
kleine Dekohütchen für Marzipanfiguren oder Mohrenköpfe (gibt's beim Bäcker)
Cutter
Schnur in Blau
Klebstoff, Fellreste
Schneidunterlage
Rest Bouclèwolle in Beige

Anleitung

- Eier waschen, ausblasen, sehr gründlich spülen und abtrocknen.
- Mit Plusterfarbe Nasen auf die Eier malen und über Nacht trocknen lassen. Damit die Nasen schön plastisch werden, die Eier im Backofen bei 130 °C ein paar Minuten backen. Abkühlen lassen.
- Das stumpfe Ende des Spießes in die schwarze Farbe tunken und zwei schwarze Punkte als Augen auf jedes Ei tupfen. Trocknen lassen.
- Mit dem Zahnstocher in jedes Auge rechts oben einen kleinen weißen Punkt setzen.
- Mit dem Pinsel und Acrylfarbe die Gesichter weiter vervollständigen und Münder, Augenbrauen, Bärte usw. aufmalen.
- Die Hüte oben vorsichtig mit dem Cutter einstechen. Jeweils ein etwa 20 cm langes Stück blaue Schnur zur Schlaufe binden und durch das Loch im Hut ziehen. Die Hüte auf die Eierköpfe kleben.
- Eierköpfe ohne Hut bekommen eine freche Frisur. Dazu Fellreste mit dem Cutter von der Rückseite her in Kreise (Ø 1 bis 3 cm) schneiden und rundum viermal einkerben. Die Aufhänger durch das Fell ziehen (vorher ein kleines Loch einstechen) und das Fellstück oben auf den Kopf kleben. Locken bekommt ein Eierkopf, indem man Haare aus Bouclèwolle aufklebt.
- Für Köpfe bei denen Hüte und Haare kombiniert werden sollen, einen schmale Streifen aus dem Fell schneiden und unter die Hutkrempe kleben.

Tipp

Mit Plusterpens lassen sich natürlich nicht nur Nasen, sondern auch Ohren oder Haare (z.B. als Gelfrisur) auf die Eier malen.

Eier hübsch verpackt

Besonders schöne Eier verschenkt man im Wellpappkartönchen mit Servage-Motiv. Auch als Verpackung für Süßigkeiten, Liebesbriefe, Juwelen oder Gutscheine sind diese kleinen Schachteln ideal!

Das brauchen Sie

Servietten mit verschiedenen Blumenmotiven (z. B. von Stewo, Truba Fashion, Knorr, Smits)
Schere
Servietten-Klebelack
weicher Pinsel
Tonkarton in Weiß
dünne Pappe in Weiß
Bastelwellpappe in verschiedenen Farben
Bleistift
Lineal
Cutter
Schneidunterlage
Klebstoff
Gummibänder
Glaskügelchen

Anleitung

- Blumenmotive grob aus den Servietten ausschneiden, zwei unbedruckte Papierlagen entfernen und die Blumen mit Klebelack auf Tonkarton oder dünne Pappe kleben.
- Die Motive nach dem Trocknen exakt ausschneiden.
- Für die Kartons die Schnittlinien gemäß der Vorlage von Seite 72 mit Bleistift und Lineal auf die Bastelwellpellpappe übertragen. Karton entlang der durchgezogenen Linien ausschneiden. Die Wellpappe an den gestrichelten Linien mit dem Cutter anritzen. Etwas Klebstoff auf die Klebelaschen geben, den Karton zusammensetzen und mithilfe der Gummibänder fixieren.
- Wenn der Klebstoff getrocknet ist, die Serviettenmotive auf den Deckel der Schachtel kleben.

Varianten

- Die Blumenmotive auf den Schachteln lassen sich auch etwas aufwändiger gestalten. Man kann ihnen beispielsweise mit 0,3 mm kleinen Glaskügelchen einen besonderen Schimmer verleihen. Bestreichen Sie dazu das aufgeklebte und bereits getrocknete Serviettenbildchen mit Holzleim und streuen Sie die Glaskügelchen darauf (am besten über einer Schüssel, um überschüssige Glaskügelchen auffangen zu können).
- Zusätzlich lassen sich die Motive mit Plusterpens verzieren. Sie können die Blumen so dreidimensional gestalten.

Tipp

Mit den auf Karton aufgeklebten Blumenmotiven können Sie auch andere Schachteln verzieren.

Wer hat die schönsten Schäfchen?

Diese Tischdekoration ist etwas aufwändiger. Die Blumentöpfe können aber später auch als Fensterschmuck verwendet und bepflanzt werden.

Das brauchen Sie

Grundmaterial
Servietten mit Schäfchenmotiven (z.B. von Nici Design)
Schere
Servietten-Klebelack
weicher Pinsel
Tonkarton in Weiß
Heißkleber

Töpfe mit kleinen Schäfchen
Blumentöpfe, 13,5 cm hoch
Acrylfarbe in Weiß, Blau, Hellgrün und Dunkelgrün
Pinsel
Mischteller
Malschwamm
Plusterpens in Weiß und Schwarz
Splittstab, Gartenschere
Karoband in Blau-Weiß, 22 mm breit
Satinband in Weiß und Blau, 3 mm breit
loser Sisal in Blau
Myrthendraht in Gold
Seitenschneider
lose Kokosfasern
künstliche Zwiebelblumen

Tischkärtchen
Bastelwellpappe in Blau
Füllwatte in Weiß
transparenter Klebstoff

Anleitung

Töpfe mit kleinen Schäfchen

- Die Blumentöpfe weiß grundieren. Vier Schafe exakt aus den Servietten schneiden und auf Vorder- und Rückseiten der Töpfe „potschen".
- Den Rand der Töpfe blau bemalen, Gras in Grün oder Blau mit dem Malschwamm auftupfen. Weiß mit wenig Blau vermischen und den neuen Farbton als Wolken mit dem Schwamm dünn auftupfen.
- Konturen und Details der Schafe mit Plusterfarben aufmalen.
- Für den Schäfchenstecker ein Schaf auf weißen Tonkarton „potschen" und nach dem Trocknen exakt ausschneiden.
- Splittstab auf etwa 35 cm einkürzen, das Schaf am oberen Ende festkleben.
- Mit jedem Band eine schöne Schleife binden und alle drei unter das Schaf kleben.
- Sisal zu einer Schlaufe wickeln, in der Mitte mit dem Draht fassen und hinter den Schleifen befestigen.
- Töpfe mit Kokosfasern füllen und die Blumen sowie den Schäfchenstab hineinstecken.

Tischkärtchen

- Ein Serviettenschaf auf weißen Tonkarton „potschen" und das Motiv nach dem Trocknen exakt ausschneiden.
- Aus Wellpappe ein 10 x 10 cm großes Quadrat schneiden und auf 5 x 10 cm falten.
- Etwas Klebstoff auf das Schafsfell geben und dünn Füllwatte darauf setzen. Das Schaf dann auf die gefaltete Karte kleben.
- Aus dem Tonkarton ein kleines Rechteck ausschneiden, den Namen darauf schreiben und das Schild aufkleben.

Caroline

Ausflug der Hasenkinder

Die Hasenkinder auf diesen Window-Color-Bildern machen gemeinsam einen Osterspaziergang. Am besten wirkt es, wenn Sie die einzelnen Motive zusammen auf ein großes Fenster kleben. Die Vorlagen finden Sie auf den Seiten 73 bis 75.

Das brauchen Sie

- Window-Color-Farben in Gelb, Hellgrün, Bernstein, Hellbraun, Hellblau, Weiß, Terrakotta, Olivgrün und Rot
- Adhäsionsfolie
- Plusterpens in Hellgrün, Braun, Schwarz, Weiß, Rot, Blau und Maisgelb
- Zahnstocher, Schmierblatt
- Schere

Anleitung

Häschen im Ei

- Window-Color-Farben ohne Konturlinien auf die Folie malen; mit den gelben Punkten beginnen, dann das Ei hellgrün ausmalen. Das Fell des Hasen in Bernstein und das Innere der Ohren in Hellbraun ausführen.
- Das Ei mit hellgrünem Plusterpen umranden. Die Kontur des Hasen sowie Haare und Ohren mit braunem Plusterpen aufmalen.
- Augen, Nase und Mund mit schwarzem Pen malen. Mit dem Zahnstocher jeweils einen Tupfer Weiß als Lichtpunkte auf Augen und Nase setzen.
- Nach dem Trocknen wird das Motiv (auch alle folgenden) konturnah ausgeschnitten.

Häschen unterm Baum

- Das Hasenfell in Bernstein und das Innere der Ohren in Hellbraun ausführen. Die Hose wird hellblau und der Puschelschwanz weiß ausgemalt. Den Baumstamm in Terrakotta und die Krone in Hellgrün malen. Das Gras unter dem Baum wird olivgrün und das Osterei rot.
- Konturen und Details des Motivs mit Plusterpens in entsprechenden Farben ausführen. In die Baumkrone kleine, weiße Punkte als Blüten setzen.
- Augen, Mund und Nase mit schwarzem Pen malen, Zähne mit weißem. Mit dem Zahnstocher jeweils einen Tupfer Weiß als Lichtpunkte auf Augen und Nase setzen.

Laufender Hase

- Das Hasenfell in Bernstein und das Innere der Ohren in Hellbraun ausführen. Die Hose wird hellblau und das Hemd rot ausgemalt.
- Konturen und Details mit Plusterpens in entsprechenden Farben ausführen. Auf die Hose unterhalb der schwarzen Hosenträger zwei Knöpfe in Maisgelb setzen.
- Augen, Mund und Nase mit schwarzem Pen malen, Zähne mit weißem. Mit dem Zahnstocher einen Tupfer Weiß als Lichtpunkt auf die Nase setzen.

Kränzchen für den Osterstrauch

Es müssen nicht immer ausgeblasene Eier sein. Auch mit diesen kleinen Kränzen sieht der Osterstrauch ganz prächtig aus.

Das brauchen Sie

Grundmaterial
Seitenschneider
Schere
Perlengirlande
kleinteilige Girlanden: Schleierkraut, Rosenblatt, Buxbaum, Efeu
Heißkleber
Servietten mit Blumen- und Kükenmotiven (z. B. von Atelier, Stewo)
Servietten-Klebelack
weicher Pinsel
dünne Wellpappe in Weiß
Acrylfarbe in Gelb und Blau
Pinsel
Plusterpens in Blau, Schwarz und Weiß
kleine Stoffblümchen
Satinband in Blau und Elfenbein, 3 mm breit
Karoband in Gelb-Weiß, Orange-Weiß und Blau-Weiß, 6 mm breit

Heukränzchen
etwas Heu
Blumendraht in Schwarz
kleines Ästchen

Girlandenkränzchen
kleines Dekoküken
ausgeblasenes Wachtelei

Anleitung

Heukränzchen

- Für jeden Kranz Heu zu einem fingerdicken Strang winden und mit dem Draht umwickeln. Zu einem Ring von etwa 6,5 cm biegen und die Ansatzstelle mit Draht umwickeln. Draht abkneifen und das Ende ins Heu schieben. Überstehende Halme abschneiden.
- Gewünschte Girlande auswählen und außen auf das Kränzchen kleben.
- Serviettenmotive auf die Pappe „potschen". Nach dem Trocknen exakt ausschneiden und die Rückseiten in passender Farbe (hier Gelb und Blau) anmalen. Die Blumenbildchen mit blauem Plusterpen einrahmen. Dem Küken auf beiden Seiten mit dem Plusterpen ein schwarzes Auge malen.
- Motive in die Kränze kleben. Für das Küken ein Ästchen aufkleben und es darauf setzen. Darunter ein Blümchen platzieren.
- Eventuell die Kränze und Girlanden zusätzlich mit Plusterpen verzieren.
- Vom Satinband 40 cm lange Stücke abschneiden, verknoten und an die Kränze schlaufen.

Girlandenkränzchen

- Etwa 15 cm lange Girlandenstücke zu Kränzen biegen und zusammenkleben.
- Kükenmotive auf die Pappe „potschen". Nach dem Trocknen ausschneiden und die Rückseiten gelb anmalen. Mit Plusterpen auf beiden Seiten ein Auge aufsetzen.
- Die Küken und Blümchen auf die Kränze kleben. Ein Küken in eine Hälfte des Wachteleis setzen. Küken im Ei mit einigen Schalenstücken auf einen Kranz kleben.
- Vom Karoband 30 cm lange Stücke abschneiden, verknoten und an die Kränze schlaufen.

Was raschelt da im Stroh?

Das Wandbild mit dem niedlichen Stallhasen wirkt so realistisch, weil der Rahmen durch Pappstreifen vom Hintergrund abgesetzt wurde.

Das brauchen Sie

Servietten mit Hasen-, Löwenzahn- und Blumenmotiven (z.B. von Atelier, Truba fashion, Stewo)
Schere
Servietten-Klebelack
weicher Pinsel
dünne Wellpappe in Weiß
Serviette mit Landschaft (z.B. von IHR)
verzinkter Hühnerdraht
Seitenschneider
Tacker und Tackernadeln
einfacher Holzrahmen, 20 x 30 cm
Heißkleber
etwas Heu
zwei Bilderaufhänger

Anleitung

- Den Hasen, den Löwenzahn und die Blumen grob ausschneiden und mit Klebelack auf die Pappe „potschen". Die Motive nach dem Trocknen konturnah ausschneiden.
- Die Serviette für den Hintergrund auf ein 20 x 30 cm großes Stück Pappe „potschen".
- Hühnerdraht auf Rahmengröße schneiden und von hinten an den Rahmen tackern.
- Aus der Pappe mehrere lange, rahmenbreite Streifen schneiden, von hinten rundum über den Draht an den Rahmen kleben und auf die richtige Länge schneiden. Vorgang wiederholen. Das Bild gewinnt so mehr Tiefe.
- Auf den getrockneten Hintergrund etwas Heu und den Hasen kleben. Dabei bedenken, dass ein Teil des Bildes vom Rahmen überdeckt wird. Das fertige Bild von hinten auf die Pappstreifen kleben.
- An der Rückseite zwei Bilderaufhänger anbringen.
- Die Vorderseite des Rahmens mit Löwenzahn und Blumenmotiven dekorieren.

Kommt ein Vogel geflogen

Dieser sehr aufwändige Osterkranz ist ein echtes Prachtstück. Er wird an Bändern an der Decke aufgehängt. Das Basteln braucht einige Zeit.

Das brauchen Sie

6 m dicker Zaundraht
Seitenschneider
Blumendraht in Schwarz
frische Zweige
Zweige von blattlosen Blaubeerbüschen
Gartenschere
Samtband in Hellblau, 25 mm breit
künstliche Efeuranken
Dschungelmoos in Grün
Weidenkätzchenzweige
Forsythienzweige
Heißkleber
Watteeier
Acrylfarbe in Hellblau und Blau
Pinsel
Satinband in Hellblau, 3 mm breit
künstliche Zwiebelblumen
ausgeblasene Wachteleier
künstliche Blüten
Servietten mit Vogelmotiven (z. B. von Atelier, Molca, IHR)
Schere
Servietten-Klebelack
weicher Pinsel
Wellpappe in Weiß
fertiges Vogelnest, Ø 12 cm
Wattevogel
Wachteleierschalen
loser Sisal in Hellgrün
Perlhuhnfedern

Anleitung

- Als Unterkonstruktion den dicken Zaundraht mehrmals zu einem Ring (Ø 40 bis 50 cm) legen. Drahtenden verdrillen und den Ring mit Blumendraht umwickeln.
- Zahlreiche frische Zweige um den Ring winden und gut mit Blumendraht fixieren. Blaubeerzweige einstecken. Den Kranz dann ein paar Tage in einem warmen Raum trocknen lassen.
- Vom Samtband zwei 170 cm lange Stücke abschneiden, über Kreuz am Kranz befestigen und den Kranz aufhängen.
- Efeuranken, Dschungelmoos, Weidenkätzchen- und Forsythienzweige in den Grundkranz einflechten und mit etwas Heißkleber befestigen.
- Watteeier in verschiedenen Blautönen anmalen und etwa 20 cm lange Satinbandstücke daran kleben. Eier dann unten an den Kranz hängen.
- Zwiebelblumen, Eier und Einzelblüten hübsch verteilt auf den Kranz kleben.
- Verschiedene Vögel grob aus den Servietten ausschneiden und auf die Pappe „potschen". Nach dem Trocknen exakt ausschneiden und auf den Kranz kleben. Bei Vögeln, deren Rückseite sichtbar bleibt, diese mit Blättern oder anderem Dekomaterial verdecken.
- Das Nest auf dem Kranz befestigen und den Wattevogel sowie einige zerbrochene Eierschalen hineinkleben.
- Etwas Sisal über den gesamten Kranz verteilen und ringsum Federn ankleben.

Schildchenhalter

Die lustigen Wäscheklammern lassen sich vielfältig nutzen. Beispielsweise können Sie sie an einem Band an die Wand hängen und Einkaufszettel daran festklippen oder sie als Tischkärtchenhalter verwenden.

Das brauchen Sie

Holzwäscheklammern
Plusterpens in verschiedenen Farben
Zahnstocher

Anleitung

Hase

- Ohren, Kopf, Körper und Beine mit Plusterpens auf eine Wäscheklammer malen. Die Farbe dann gut trocknen lassen.
- Als zweite Schicht das Ei, das der Hase in Händen hält, Augen und die Nase aufmalen; trocknen lassen.
- Zuletzt Arme und Nase aus der Flasche, Muster auf dem Ei und Pupillen mit dem Zahnstocher auftupfen.
- Die Klammer bei 130 °C im Ofen backen, bis das Motiv aufplustert.

Narzisse

- Stängel und Blätter sowie einige Tupfen darunter auf die Wäscheklammer malen. Blütenblätter auftupfen und mit dem Zahnstocher nach außen ziehen. Trocknen lassen.
- In die Blütenmitte einen dicken Punkt Gelb setzen. Wenn die Oberfläche angetrocknet ist, mit dem Zahnstocher aus der Blütenmitte die noch flüssige Farbe sternförmig nach außen ziehen. Nach dem Trocknen einen dünnen orangefarbenen Rand auf den Zackenrand malen.
- Die Klammer bei 130 °C im Ofen backen, bis das Motiv aufplustert.

Tipp
Sie können auch einzelne Blüten ohne Stängel und Blätter auf die Klammern malen.

Tulpe

- Blüte und Blätter auf die Wäscheklammer malen. Trocknen lassen.
- Blätter und Blüte an einigen Stellen nochmals mit Plusterpen übergehen, damit das Motiv plastischer wird.
- Die Klammer bei 130 °C im Ofen backen, bis das Motiv aufplustert.

Tipp
Sie können auch Namen oder Anfangsbuchstaben auf die Klammern schreiben.

Oma's
Pflaumen
Marmelade
Eilt sehr
H. Schneider
0815-173250

Ostern auf dem Lande

Diese handzahmen Bauernhoftiere werden in Serviettentechnik auf die verschiedenen Objekte aufgebracht. Eine nette Deko nicht nur für den Ostertisch, sondern auch für die festlich geschmückte Fensterbank.

Das brauchen Sie

Grundmaterial
Servietten mit ländlichen Tiermotiven: Kühe, Hühner, Schafe etc. (z. B. von IHR, Homefashion)
Schere
Servietten-Klebelack
weicher Pinsel
Acrylfarben in Ocker, Olivgrün, Beige, Russischgrün, Gelb und Weiß
Mischteller, Schwamm
Heißkleber

Eier
ausgeblasene, weiße Enten- oder Gänseeier
Satinband in Elfenbein, 3 mm breit
Karoband in Grün-Weiß, 15 mm breit
Myrthendraht in Gold
Seitenschneider

Keramiktopf
kleiner Keramiktopf

Tieraufsteller
dünne Wellpappe in Weiß
kleine flache Steine
Moos

Anleitung

Eier

- Die Tiermotive exakt aus den Servietten ausschneiden und mit Klebelack auf die Eier „potschen". Trocknen lassen.
- Acrylfarbe in Ocker auf den Teller geben, mit dem Schwamm aufnehmen und die Eier damit betupfen; die Tiermotive aussparen. Olivgrün mit Beige mischen, auf Unter- und Oberseite der Eier tupfen. Russischgrün mit etwas Beige mischen und darüber tupfen. Zuletzt mit Gelb Akzente setzen.
- Für jedes Ei ein 20 cm langes Stück Satinband abschneiden und als Schlaufe in die obere Bohrung des Eis kleben.
- Karoband in etwa 4 cm lange Stücke schneiden und in der Mitte mit Myrthendraht zusammenfassen. Als Verzierung an das Aufhängeband kleben.

Keramiktopf

- Den Keramiktopf mit weißer Farbe grundieren.
- Die weitere Gestaltung ist wie bei den Eiern. Zum Schluss wird der Rand russischgrün angemalt.

Tieraufsteller

- Motive grob aus der Serviette schneiden und auf die Pappe „potschen".
- Nach dem Trocknen die Motive exakt ausschneiden.
- Aus der Pappe runde (Ø 3,5 cm) und ovale (Ø 7 cm lang) Bodenplatten ausschneiden. Mit Heißkleber ein bis zwei Steine (zur Beschwerung) sowie die Tiere darauf kleben.
- Steine und Pappunterlage dick mit Klebelack einstreichen, das Moos ringsum auflegen und andrücken.

Fensterbaum mit Gänseliesel

Dieser Fensterbaum ist ein attraktiver Schmuck fürs Osterfenster. Er sieht nicht nur toll aus, sondern ist auch schnell gebastelt. Interessant ist die Kombination von Window-Color- und Serviettentechnik.

Das brauchen Sie

Window-Color-Farben in Gelb, Hautfarben, Kirschrot, Hellgrün und Weiß
transparente Windradfolie
Servietten mit Gänsen (z. B. von Smits)
Schere, Servietten-Klebelack
weicher Pinsel
Laternenfolie in Mattweiß
Plusterfarbe in Maisgelb, Orange, Kirschrot, Hellgrün, Mittelbraun, Weiß, Schwarz und Braun
Zahnstocher
Karoband in Rot-Weiß, 10 mm breit
kleinteilige Girlanden
Fensterbaum
kleine Marienkäfer aus Holz
Heißkleber, dünner Draht
Seitenschneider

Anleitung

- Gänseliesel gemäß der Vorlage von Seite 71 ohne Kontur mit Window-Color-Farben auf die transparente Windradfolie malen. Für die Farbe der Haut zwei Drittel Hautfarben mit einem Drittel Weiß und etwa vier Prozent Rot mischen.
- Gänse grob aus den Servietten ausschneiden und mit Klebelack auf die Laternenfolie „potschen". Trocknen lassen.
- Konturen und Details von Liesel und Gänsen mit Plusterfarben aufmalen. Für Liesels Nase Weiß mit etwas Braun mischen und mit dem Zahnstocher auftragen.
- Nach dem Trocknen die Motive exakt ausschneiden (bei der Magd etwas Folie stehen lassen). Durch den Scheitel der Gänseliesel mit der Schere ein kleines Loch bohren.
- Mit dem Karoband jeder Gans eine Schleife um den Hals binden.
- Die Girlanden um den Baum winden. Aus Karoband eine schöne, aufwändige Schleife binden.
- Schleife, Gänse und Marienkäfer an den Baum kleben. Die Magd mit einem Stück Draht, das durch das kleine Loch im Scheitel gezogen wird, an einem Ast befestigen. Eine kleine Schleife um den obersten Ast knoten.
- Ein Stück Karoband als Aufhänger durch die Öse an der Spitze des Fensterbaums ziehen und verknoten.

Häschen in der Grube

Diese mit Naturmaterialien und Servage-Technik gestalteten Eier sind ein schöner Wandschmuck. Aus mehreren kleinen Eiern können Sie auch eine Girlande basteln.

Das brauchen Sie

Grundmaterial
Servietten mit Hasenpärchen, Hasen und Blumenmotiven (z.B. von Plaid, Smits)
Schere
Servietten-Klebelack
weicher Pinsel
stabile Wellpappe in Weiß
Plusterpens in Weiß, Gelb, Braun und Schwarz
Heißkleber

Hasenpärchen
Acrylfarbe in Braun und Olivgrün
Mischteller
Pinsel
Holzwolle in Gelb
Nähgarn in Gelb
Stoffblumen, Ziergras
Gräsergirlande, Seitenschneider
Schleifenband in Gelb, 10 mm breit

Schnupperhase
Rest Kokoskordel
loser Sisal in Gelb und Grün
Nähgarn in Gelb und Grün
Band in Grün, 8 mm breit
dicke Stopfnadel

Anleitung

Hasenpärchen

- Hasenpaar grob ausschneiden und auf die Pappe „potschen". Nach dem Trocknen sauber ausschneiden.
- Etwas braune Acrylfarbe auf den Teller geben und mit Wasser verdünnen. Wie eine Lasur über die Hasenkörper malen, sodass diese insgesamt dunkler werden. Das Kleid und den Schal in Olivgrün malen.
- Das Fell mit brauner Plusterfarbe stricheln, Konturen, Auge und Nase aufmalen.
- Ei gemäß der Vorlage (Seite 71) aus der dicken Pappe ausschneiden. Beidseitig mit Holzwolle belegen und diese mit Nähgarn festwickeln.
- Mit Heißkleber das Hasenpärchen, die Stoffblumen und das restliche Dekomaterial ankleben.
- Zum Schluss 80 cm vom Schleifenband abschneiden und oben am Ei festknoten.

Schnupperhase

- Hase und Blümchen grob aus den Servietten schneiden und auf die Pappe „potschen". Nach dem Trocknen die Motive sauber ausschneiden.
- Einige Fäden aus der Kokoskordel herausziehen, auf etwa 5 cm zurechtstutzen und auf die Hasennase kleben. Dann einen Klecks Plusterfarbe darüber setzen.
- Aus der dicken Pappe ein ausreichend großes Ei ausschneiden. Gelben Sisal vollflächig darauf legen und mit dem farblich passenden Nähgarn festwickeln.
- Den Hasen aufkleben. Grünen Sisal auflegen und mit grünem Garn festwickeln. Die Blume aufkleben.
- Vom Band 30 cm abschneiden und mit der Stopfnadel durch die Spitze des Eis ziehen. Bandenden verknoten.

Alle Vögel sind schon da

Das große Meisenbild ist ein hübscher Wandschmuck aus Naturmaterialien. Das kleine Nest kann als netter „Hingucker“ auf die Fensterbank oder ins Bücherregal gestellt werden.

Das brauchen Sie

Wandbild
Servietten mit Meisennestmotiv und Laub (z. B. von Atelier)
Schere
Servietten-Klebelack
weicher Pinsel
Pappe in Weiß
stabile Wellpappe, etwa DIN A4
Baumrinde, Heißkleber
Moos
Ast
2 Bilderaufhänger

Kleines Meisennest
Serviette mit Meisenmotiv (z. B. von Atelier)
Servietten-Klebelack
weicher Pinsel
dünne Wellpappe in Weiß
Schere
Plusterpens in Weiß, Hellgelb, Blau und Schwarz
fertiges Vogelnest, Ø 13 cm
Heißkleber
Moos
Wachteleier
Perlhuhnfedern

Anleitung

Wandbild

- Meisennestmotive und viele Blätter grob aus den Servietten ausschneiden und mit Klebelack auf die weiße Wellpappe „potschen“. Nach dem Trocknen sauber ausschneiden. Bei der Meisenmutter ein Stück am Hals entlangschneiden und den Kopf etwas nach vorne biegen, damit sie plastischer wirkt.
- Auf der dicken Wellpappe Rindenstücke und das Meisennest drapieren. Wenn die Komposition festgelegt ist, die Teile auf die Pappe kleben. Lücken zwischen den Rindenstücken mit Moos schließen.
- Auf den oberen Teil des Bildes den Ast kleben und den Meisenmann darauf setzen.
- Die Blätter nach Geschmack auf dem Bild verteilen und festkleben.
- Auf der Rückseite des Wandbilds die Bilderaufhänger anbringen.

Kleines Meisennest

- Vogel grob ausschneiden und auf die Wellpappe „potschen“. Nach dem Trocknen konturnah ausschneiden.
- Mit den Plusterpens Details wie Augen oder Federn aufmalen.
- Den Vogel in das Nest kleben und dieses mit Moos, Wachteleiern (eines davon zerbrochen) und Federn dekorieren.

Die wilden Hasen

Diese frechen Hasen mit ihren elastischen Armen und Beinen sind extrem beweglich: Sie können stehen, sitzen, sich verbeugen, winken und vieles mehr. Kneten Sie für den Ostertisch gleich eine ganze Mannschaft.

Das brauchen Sie

Fimo in Braun, Weiß, Schwarz, Orange, Gelb, Blau, Rot, Pink und Hellgrün
Küchenmesser
Zahnstocher
Backpapier
Fimo-Speziallack
Chenilledraht in Braun
Seitenschneider
Heißkleber
2 Holzscheiben, Ø 8 cm
5 Holzscheiben, Ø 3 cm
1 Kunstmöhre
Islandmoos

Anleitung

- Für Kopf und Körper eines Hasen ein kleines und ein großes „Ei" aus brauner Modelliermasse formen.
- Das kleine Ei von der Spitze her einschneiden und mit dem Zahnstocher vorsichtig die „Mundwinkel" nach oben ziehen. Für die Zähne ein kleines Quadrat aus weißer Modelliermasse formen, an den Oberkiefer drücken und nach unten hin leicht spitz zulaufen lassen. Mit dem Zahnstocher mittig einkerben. Für die Nase eine kleine Kugel aus schwarzer Modelliermasse formen und andrücken.
- Zwei sehr kleine Kugeln aus weißer Masse und noch kleinere aus schwarzer formen. Je eine weiße und eine schwarze Kugel aufeinander drücken und als Augen aufsetzen.
- Den Kopf mit einem Stück Zahnstocher an den Rumpf setzen. In den Körper Löcher für Arme und Beine bohren.
- Für die Ohren zwei „Würste" formen, flach drücken und an den Kopf setzen.
- Zwei Kugeln für die Hände drehen und leicht flach drücken. Mit dem Zahnstocher zwei Rillen hineindrücken und auf der gegenüberliegenden Seite ein Loch bohren.
- Für die Füße zwei „Eier" formen, auf den Tisch legen und leicht flach drücken. Mit dem Zahnstocher Zehen einritzen und ein Loch für die Beine bohren. Aus der übrigen Modelliermasse viele kleine Ostereier formen.
- Alle Teile auf ein mit Backpapier ausgelegtes Backblech legen und im vorgeheizten Ofen bei 130 °C acht Minuten backen. Gut abkühlen lassen. Augen, Nase und Zähne lackieren.
- Für die Arme 2,5 cm lange, für die Beine 4 cm lange Stücke vom Chenilledraht abtrennen und in Pfoten und Körper einkleben.
- Stehenden Hasen auf eine 8 cm große Holzscheibe kleben. Auf der anderen Scheibe die Möhre befestigen und den zweiten Hasen darauf setzen.
- Um die Hasen und auf die kleinen Holzscheiben Islandmoos kleben. In das Moos die bunten Eier setzen.

Wulle, wulle Gänschen

Diese in Grün gehaltene Tischdeko wurde wieder in Serviettentechnik gearbeitet. Die kleine Laterne und das Moosherz eignen sich auch als Dekoration für das Osterfenster.

Das brauchen Sie

Grundmaterial
Servietten mit Gänsemotiven (z.B. von Smits)
Schere
Servietten-Klebelack
weicher Pinsel
Tonkarton in Weiß
Heißkleber
loser Sisal in Beige und Grün
Myrthendraht in Gold und Grün
Seitenschneider

Tischkarte
Bastelwellpappe in Grün
Cutter, Lineal

Gänselaternchen
Laternenfolien in Mattweiß
Stecklaterne
Stoffblümchen

Moosherz mit Gans
Blumentopf, 10 cm hoch
Splittstab
Gartenschere
Moosherz
Karoband in Grün-Weiß, 10 mm breit
Satinband in Weiß und Grün, 3 mm breit

Set mit Gänsen
Serviettenkleber für Stoff
Stoffrest in Weiß
Karoband in Grün-Weiß, 5 mm breit
Stoffkleber
Stoffserviette in Weiß

Anleitung

Tischkarte
- Gans mit Klebelack auf den Karton „potschen". Nach dem Trocknen exakt ausschneiden.
- Wellpappe auf 15 x 13 cm zuschneiden und auf 7,5 x 13 cm falten.
- Sisal zu einer Schlaufe legen, mittig mit Draht fassen und mit der Gans auf die Karte kleben.
- Aus dem weißen Karton ein kleines Schildchen schneiden, den Namen darauf schreiben und auf die Tischkarte kleben.

Gänselaternchen
- Gänse auf die Folie „potschen" und nach dem Trocknen exakt ausschneiden.
- Gänse auf die Stecklaterne kleben. Laterne zusammenstecken (eventuell verkleben).
- Sisal zur Schlaufe legen, mit Draht fassen und mit den Blümchen auf die Laterne kleben.

Moosherz mit Gans
- Gans auf den Karton „potschen". Nach dem Trocknen exakt ausschneiden.
- Topf mit beigefarbenem Sisal füllen. Splittstab auf etwa 24 cm kürzen, durch das Herz schieben und in den Topf stecken. Die Gans am oberen Ende festkleben.
- Aus jedem Band eine schöne Schleife binden und alle drei unter die Gans kleben. Von hinten etwas grünen Sisal ankleben.

Set mit Gänsen
- Gänse mit Serviettenkleber für Stoff auf den Stoffrest kleben; nach dem Trocknen ausschneiden.
- Kleine Karoschleifen um die Hälse der Gänse binden und die Vögel mit Stoffkleber auf die Serviette kleben.

Kevin

Turbolentes Hasenrennen

Die Formel 1 boomt. Die Fahrer auf diesem großen Window-Color-Bild starten sogar am Ostersonntag durch. Die Vorlagen finden Sie auf den Seiten 76 bis 79.

Das brauchen Sie

Window-Color-Farben in Bernstein, Hellbraun, Blau, Leuchtorange, Hellgelb, Türkis, Schwarz, Weiß, Hellgrün, Hellblau, Orange, Gelb, Terrakotta, Olivgrün, Rot, Silber, Bordeauxrot, Violett und Frost
Adhäsionsfolie
3 Wackelaugen, Ø 5 mm
Plusterpens in Braun, Schwarz, Weiß, Hellgelb, Gelb, Orange, Blau, Hellgrün und Rot
Zahnstocher
Schmierblatt, Schere

Anleitung

Streckenposten

- Window-Color-Farben ohne Konturlinien auf die Folie malen.
- Das Wackelauge mit der angefeuchteten Fingerspitze in die nasse Farbe setzen.
- Konturen und Details mit Plusterpens in entsprechenden Farben ausführen.
- Nach dem Trocknen wird das Motiv (auch alle folgenden) konturnah ausgeschnitten. An sehr „engen" Stellen die Folie stehen lassen.

Rennwagen Nr. 1

- Window-Color-Farben ohne Konturlinien auf die Folie malen. Die Räder oben in Gelb und unten in Terrakotta malen. Das Grün der Möhre hellgrün ausführen und mit Olivgrün abschattieren.
- Das Wackelauge mit der angefeuchteten Fingerspitze in die nasse Farbe setzen.
- Konturen und Details mit Plusterpens in entsprechenden Farben ausführen. Mit dem Zahnstocher einen Tupfer Weiß als Lichtpunkt auf die Nase setzen.

Rennwagen Nr. 2

- Window-Color-Farben ohne Konturlinien auf die Folie malen.
- Konturen und Details mit Plusterpens in entsprechenden Farben ausführen.

Rennwagen Nr. 3

- Window-Color-Farben ohne Konturlinien auf die Folie malen, dabei zuerst das weiße Vorderteil der Rübe ausführen und anschließend das bordeauxfarbene Hinterteil (Nummernfeld dabei freilassen). Sofort mit dem Zahnstocher beide Farben gründlich vermischen, Mischfarbe an der Unterseite bis fast ganz nach vorne ziehen. Die Räder oben in Bordeaux und unten in Violett malen. Die Radkappen werden hellgrün. Das Grün der Rübe hellgrün ausführen und mit Olivgrün abschattieren. Das Helmvisier wird durch Frost transparent.
- Das Wackelauge mit der angefeuchteten Fingerspitze in die nasse Farbe setzen.
- Konturen und Details mit Plusterpens in entsprechenden Farben ausführen.

Pylonen, Strohballen und Strecke

- Das zum Rennen gehörende Zubehör wird wie die anderen Motive gemalt. Die Rennstrecke wird aus einzelnen bemalten Folienstücken zusammengesetzt.

3
2
1

Toll verzierte Osterkerzen

Diese Kerzen sind fast zu schön zum Anzünden! Die Motive werden in Servage-Technik und mit Flüssigwachs aufgebracht.

Das brauchen Sie

Kerzen mit Wachsmalerei
Flüssigwachs in verschiedenen Farben
Eierkerzen in verschiedenen Farben
Schmierblatt
Zahnstocher
Serviettenkleber für Kerzen
feiner Borstenpinsel
alte Zeitung
Duftkerzensand in Grün

Große Kerze mit Küken
Serviette mit Kükenmotiv (z. B. von IHR)
Schere
Stecknadel
Flüssigwachs in Weiß, Braun, Gelb, Schwarz und Orange
Serviettenkleber für Kerzen
weicher Pinsel
große Kerze in Orange

Kerzen mit Serviettenmotiven
Acrylfarbe in Weiß, Olivgrün und Rot
Serviettenkleber für Kerzen
Mischteller, Pinsel
Eierkerzen in verschiedenen Farben
Servietten mit Ostermotiven (z. B. von IHR, papp star, Stewo Classic, Herlitz Dekor)
Schere, weicher Pinsel, Tuch

Anleitung

Kerzen mit Wachsmalerei

- Mit dem Wachs verschiedene Ostermotive auf die Kerzen malen (Hasen, Hühner, Eier; die Blumen im Vordergrund werden erst später aufgemalt). Für kleine Muster oder Augen etwas Farbe auf ein Schmierblatt geben und mit dem Zahnstocher auftragen. Kerzen etwa sechs Stunden liegend trocknen lassen.
- Für die Grünflächen Kerzen im unteren Bereich mit Serviettenkleber einstreichen und über der Zeitung mit Kerzensand bestreuen.
- Motive nach dem Trocknen mit dem Borstenpinsel freiwischen. Blümchen auftupfen.

Große Kerze mit Küken

- Küken exakt ausschneiden, auf die Kerze legen und mit der Nadel die Kontur einpicksen. Innerhalb der Linie dünn weißes Flüssigwachs auftragen. Trocknen lassen.
- Küken „aufpotschen". Nach etwa zwei Stunden Konturen und Details nachmalen.

Kerzen mit Serviettenmotiven

- Etwas weiße Acrylfarbe mit mindestens der gleichen Menge Serviettenkleber mischen und kleine Medaillons bzw. Streifen auf die Kerzen malen. Etwa zwei Stunden trocknen lassen.
- Motive aus den Servietten ausschneiden und auf die weißen Flächen „potschen". Überschüssigen Kleber mit dem Tuch entfernen.
- Rote und grüne Acrylfarbe mit Serviettenkleber mischen und kleine Verzierungen auf die weißen Flächen malen.

Tipp
Sie können die Serviettenmotive natürlich auch ohne die vorher aufgemalten Medaillons und Streifen auf die Kerzen „potschen".

Ostertisch
Ton in Ton

Besonders gut sieht es aus, wenn man die Teile seiner Osterdekoration genau aufeinander abstimmt. Hier sehen die Eier am Osterstrauch genauso aus wie jene auf der Tischdecke.

Das brauchen Sie

Tischdecke
fertige Tischdecke
Bügeleisen
Bügelbrett
Servietten mit Eiermotiven (z.B. von Herlitz Dekor)
Schere
Serviettenkleber für Textilien
weicher Pinsel
Stoff mit bügelbarer Klebebeschichtung in Weiß
Schaschlikspieß
Plusterpen in Hellgrün

Eier für den Osterstrauch
alte Zeitung
ausgeblasene, weiße Hühnereier
Mattlack-Sprühfarben in den Farben der „Servietteneier"
Eierspieße
Plusterpens in den Farben der „Servietteneier"
Seitenschneider, Blumendraht
Satinband in verschiedenen Farben, 3 mm breit,
Schere

Anleitung

Tischdecke

- Tischdecke bügeln. Eiermotive grob ausschneiden und auf den weißen Stoff mit Klebebeschichtung „potschen".
- Motive nach dem Trocknen exakt ausschneiden und (gemäß der Produktanleitung) auf die Tischdecke aufbügeln.
- Mithilfe des Schaschlikspießes kurze Striche in grüner Plusterfarbe als Grashalme auf die Tischdecke malen. Gut trocknen lassen und nach etwa fünf Stunden von der Rückseite her (nach Produktanleitung) bügeln.

Tipp
Natürlich können Sie die Ostertischdecke auch selbst nähen.

Eier für den Osterstrauch

- Die alte Zeitung zerknittern und ausbreiten. Eier in die Knitterfalten legen, damit sie nicht wegrollen. Sprühfarben gut schütteln und die Eier mehrfach damit ansprühen, bis sie vollständig mit Farbe bedeckt sind. Zwischen jedem Sprühgang trocknen lassen und wenden.
- Eier auf die Eierspieße stecken und mit den Plusterpens bemalen. Die Muster sollten denen der Servietteneier ähneln. Um die Bohrlöcher Kreise oder mehrere Punkte malen.
- Mit dem Seitenschneider etwa 1 cm lange Stücke vom Draht abtrennen.
- Vom Satinband etwa 20 cm lange Stücke abschneiden, an die Drahtstücke knoten und diese durch das obere Bohrloch der Eier stecken.

Hasen am Fenster

Das Hasenfenster mit dem verliebten Hasenpaar und der efeugefüllte Korb, hinter dem ein kleiner Hase frech hervorlugt, sind ein besonders netter Fensterschmuck.

Das brauchen Sie

Grundmaterial
Servietten mit großen Comic-Hasenmotiven (z.B. von Herlitz Dekor), Serviette mit Blumentopf (z.B. von IHR)
Schere
Servietten-Klebelack
weicher Pinsel
stabile Wellpappe in Weiß
Heißkleber

Hasenfenster
Tiernasen, Ø 11 mm und 19 mm
Seitenschneider
Rest Bast in Naturfarben
Geschenkband in Blau, 40 mm breit
Filzrest in Grau, 2 mm stark
kleine Dekomöhre
einfacher Holzrahmen, etwa 20 x 30 cm
Acrylfarbe in Hellgrün und Grün
breiter Pinsel
Tonkarton in Orange
Cutter, Lineal, Schneidunterlage
Sprühfarbe in Grün und Braun
alter Lappen

Hasenkörbchen
ovaler Pflanzkorb
künstliche Efeuranken

Anleitung

Hasenfenster

- Hasenköpfe und Blumentopf auf Pappe „potschen". Trocknen und sauber ausschneiden.
- Die Kunststoffstifte auf den Rückseiten der Tiernasen abtrennen. Vom Bast vier 8 cm lange Stücke abschneiden. Je zwei Bastfäden mittig verknoten und aufspleißen. „Bastbärte" und Nasen auf die Hasengesichter kleben.
- Zwei 10 cm lange Bandstücke abschneiden und als Beine an den Hasenkörper kleben.
- Hände (Vorlage Seite 70) und Füße (frei Hand) aus Filz ausschneiden und an den Hasen kleben. In der Hand die Möhre befestigen.
- Rahmen mit verdünnter hellgrüner Farbe lasieren. Orangefarbenen Tonkarton zuschneiden und von hinten auf den Rahmen kleben.
- Vier 20 x 13 cm große Rechtecke aus der Wellpappe schneiden. In zwei der Stücke mit dem Cutter Ausschnitte setzen und auf die ungeschnittenen Teile kleben.
- Innenflächen hellgrün, Außenflächen grün streichen. Trocknen lassen. Läden dünn mit grüner Sprühfarbe übersprühen. Ränder mit wenig Braun übergehen. Einen Teil der noch feuchten Sprühfarbe abwischen.
- Die Fensterläden mit Heißkleber seitlich an den Rahmen setzen. Die Häsin, den Hasen und den Blumentopf auf den Rahmen kleben.

Tipp
Um das Hasenbild aufzuhängen, schraubt man am besten zwei kleine Ösen hinten in den Rahmen und zieht ein Stück Nylonschnur hindurch.

Hasenkörbchen

- Hasenkopf auf die Pappe „potschen" und nach dem Trocknen ausschneiden. Von hinten an den Korb kleben.
- Efeuranken in den Korb drapieren und eventuell mit Eiern dekorieren.

Luftiger Birkenkranz

Dieser Osterkranz ist schnell gebastelt und sorgt rasch für Festtagsstimmung. Wer will, kann außer Holzrosetten und Küken auch noch Ostereier an den Kranz hängen.

Das brauchen Sie

6 m dicker Zaundraht
Seitenschneider
Blumendraht in Schwarz
5 m Kokoskordel
Heißkleber
künstliche Birkenzweige

Organzaband in Grün, 40 mm breit, Schere
Satinband in Gelb, 3 mm breit
5 Holzrosetten in Gelb
Serviette mit Küken (z. B. von Herlitz Dekor)

Servietten-Klebelack
weicher Pinsel
Pappe in Weiß
Lochzange
Federschmetterling in Gelb

Anleitung

- Als Unterkonstruktion den Zaundraht mehrmals zu einem großen Ring (Ø etwa 50 cm) legen. Drahtenden verdrillen und den Ring mit Blumendraht umwickeln.
- Kokoskordel um den Drahtkranz winden, die Enden verkleben.
- Birkengrün um den Drahtkranz winden und punktuell verkleben.
- Vom Organzaband zwei 170 cm lange Stücke abschneiden, über Kreuz am Kranz befestigen und den Kranz aufhängen.
- Vom Satinband fünf lange Stücke abschneiden. Enden verknoten und an die Holzrosetten schlaufen. Rosetten gleichmäßig verteilt an den Kranz binden.
- Fünf Küken grob ausschneiden und auf die Pappe „potschen". Nach dem Trocknen konturnah ausschneiden. Das Motiv nochmals auf die Rückseite „potschen" (oder Rückseite mit Acrylfarbe bemalen).
- Die Motive an der Oberseite mit der Lochzange lochen. Vom Satinband fünf Stücke abschneiden. Enden verknoten und an die Küken schlaufen. Motive gleichmäßig verteilt an den Kranz binden.
- Zuletzt den Federschmetterling am Kranz befestigen.

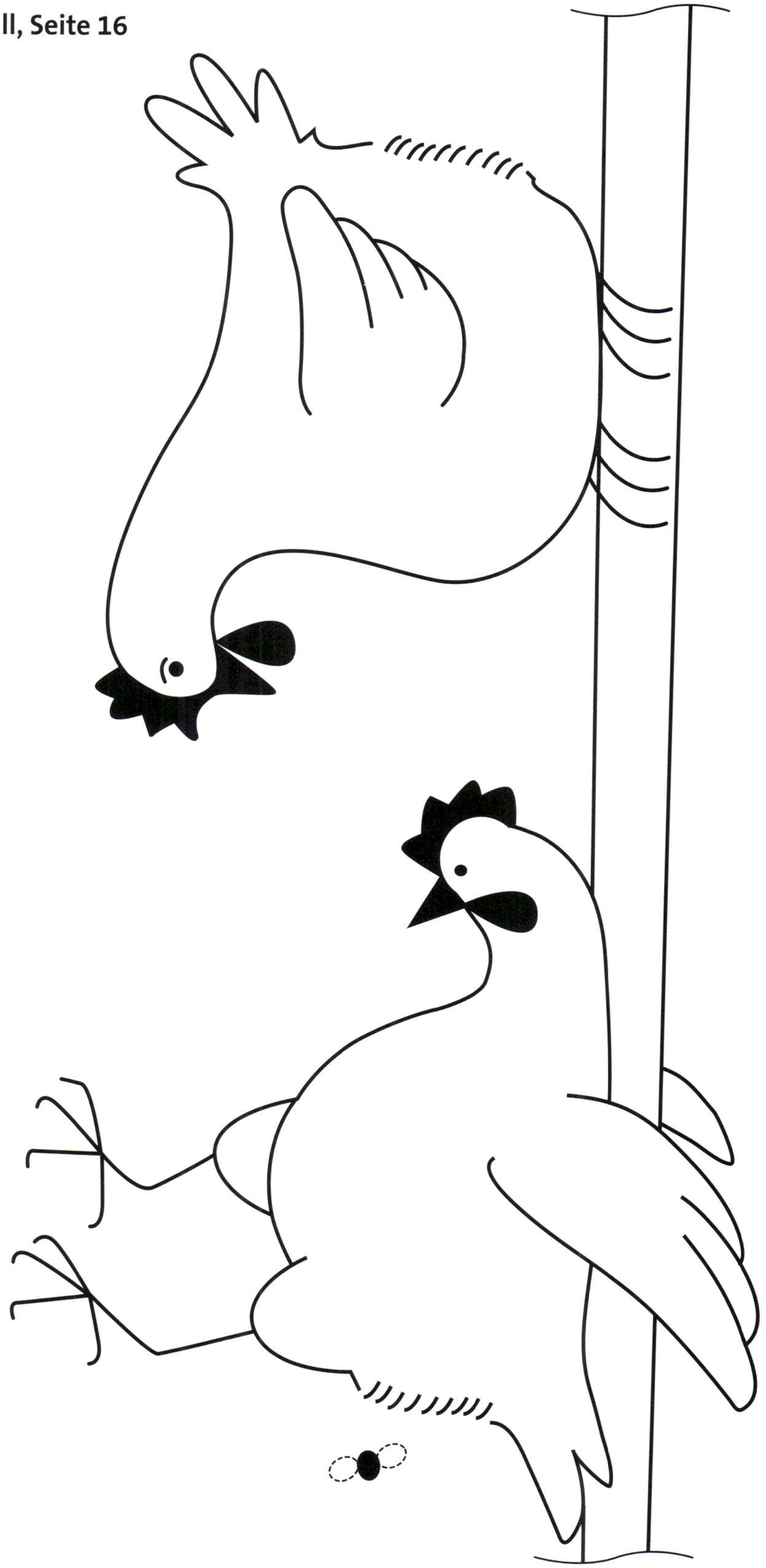

Im Hühnerstall, Seite 16

Lustige Möhrengirlande, Seite 18

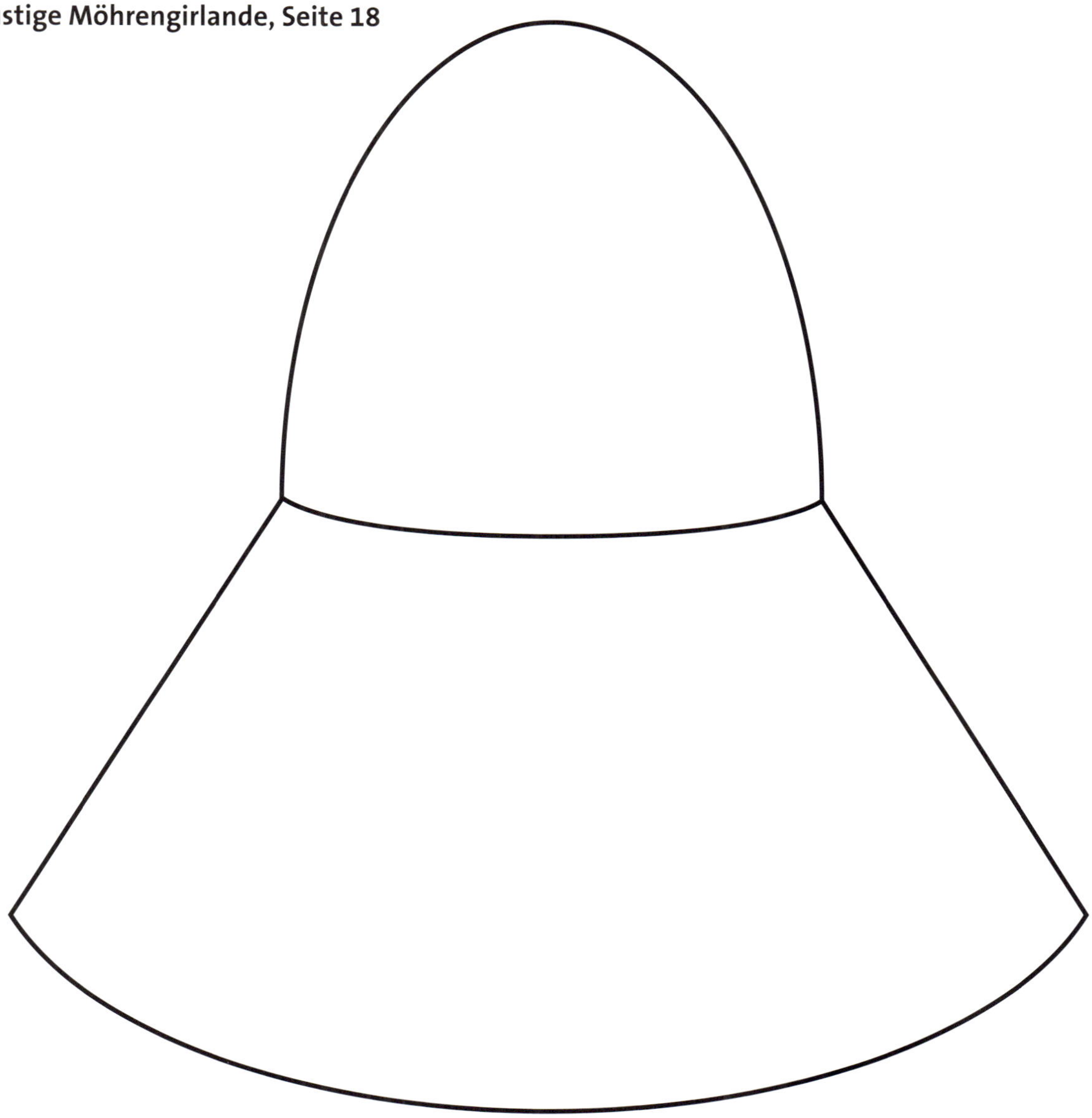

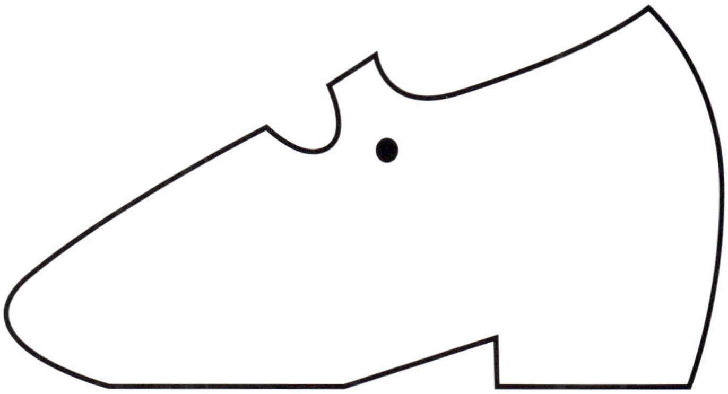

Hasen am Fenster, Seite 62

Lustige Möhrengirlande, Seite 18

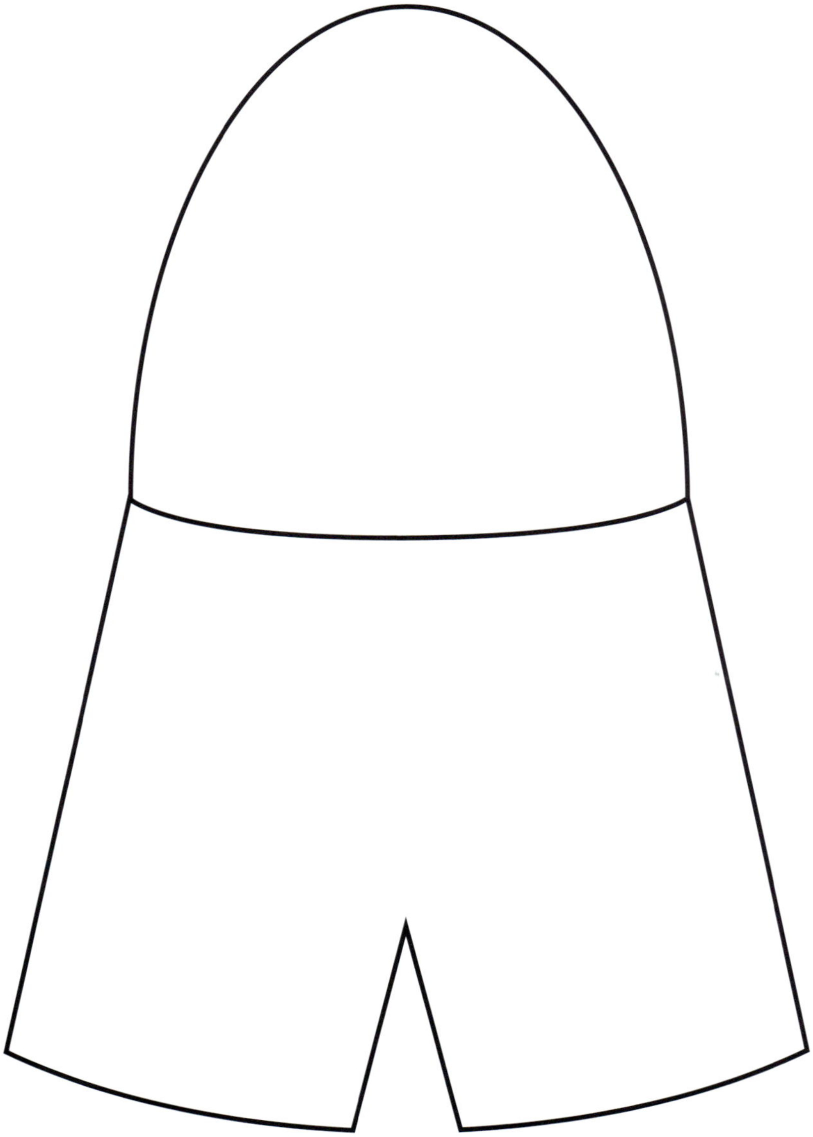

Fensterbaum mit Gänseliesel, Seite 46

Vorlage bitte auf dem Kopierer um 25 % vergrößern und zum Ei ergänzen.

Häschen in der Grube, Seite 48

Eier hübsch verpackt, Seite 30

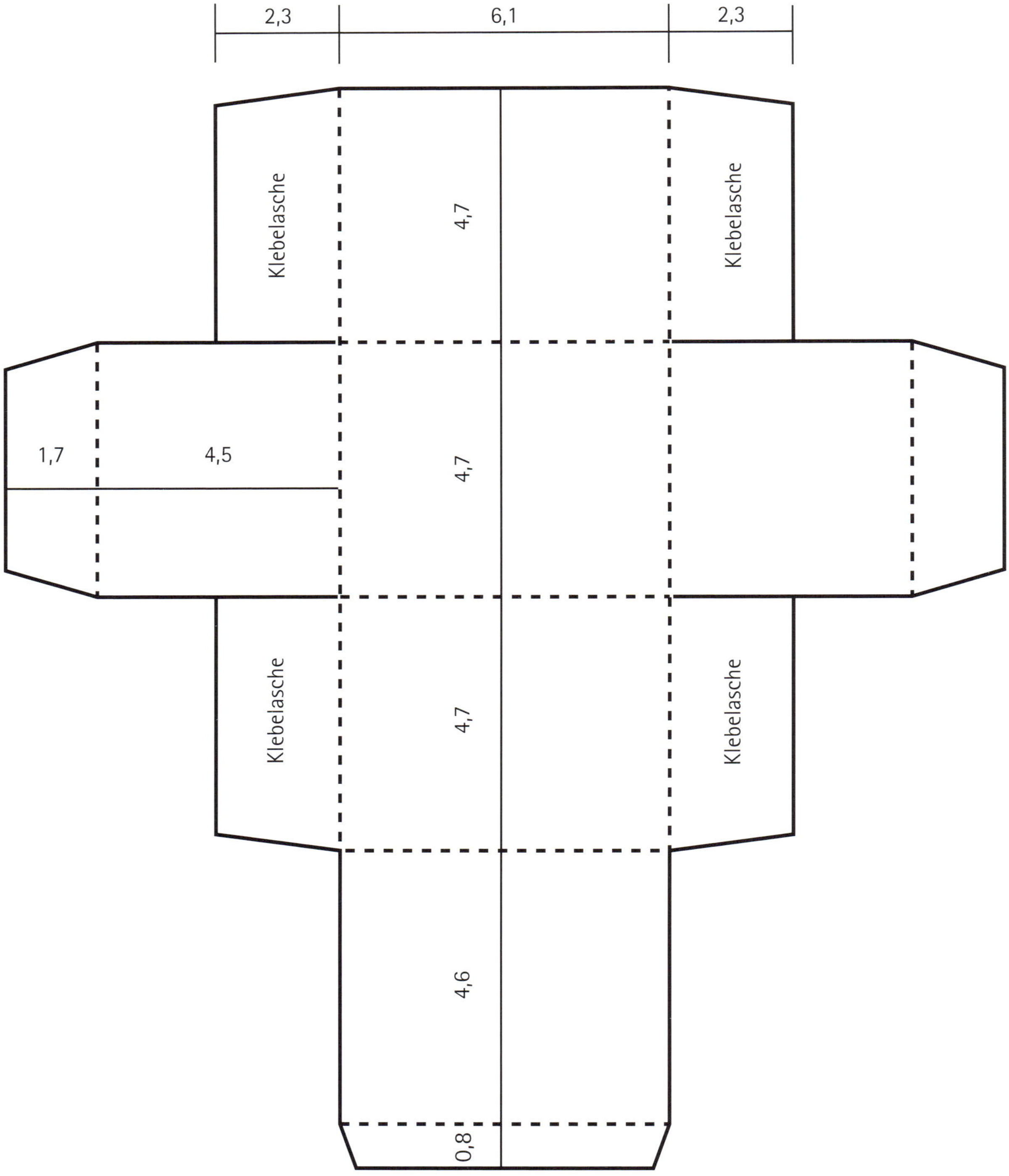

Ausflug der Hasenkinder, Seite 34

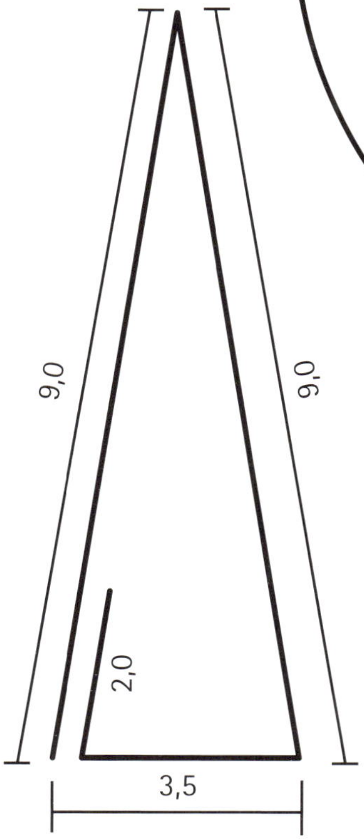

Poppige Osterdeko, Seite 14

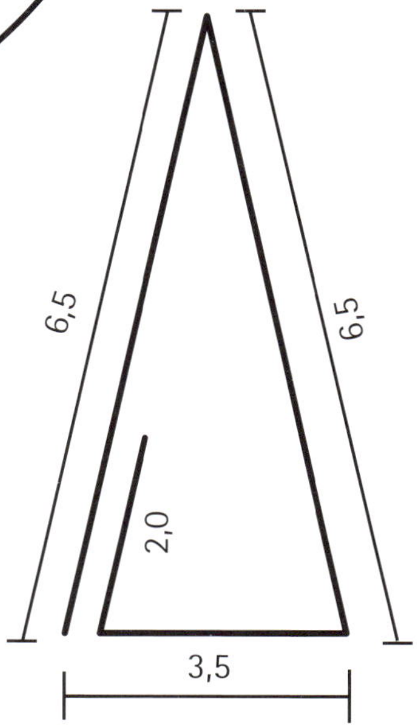

Ausflug der Hasenkinder, Seite 34

Turbolentes Hasenrennen, Seite 56

1

Turbolentes Hasenrennen, Seite 56

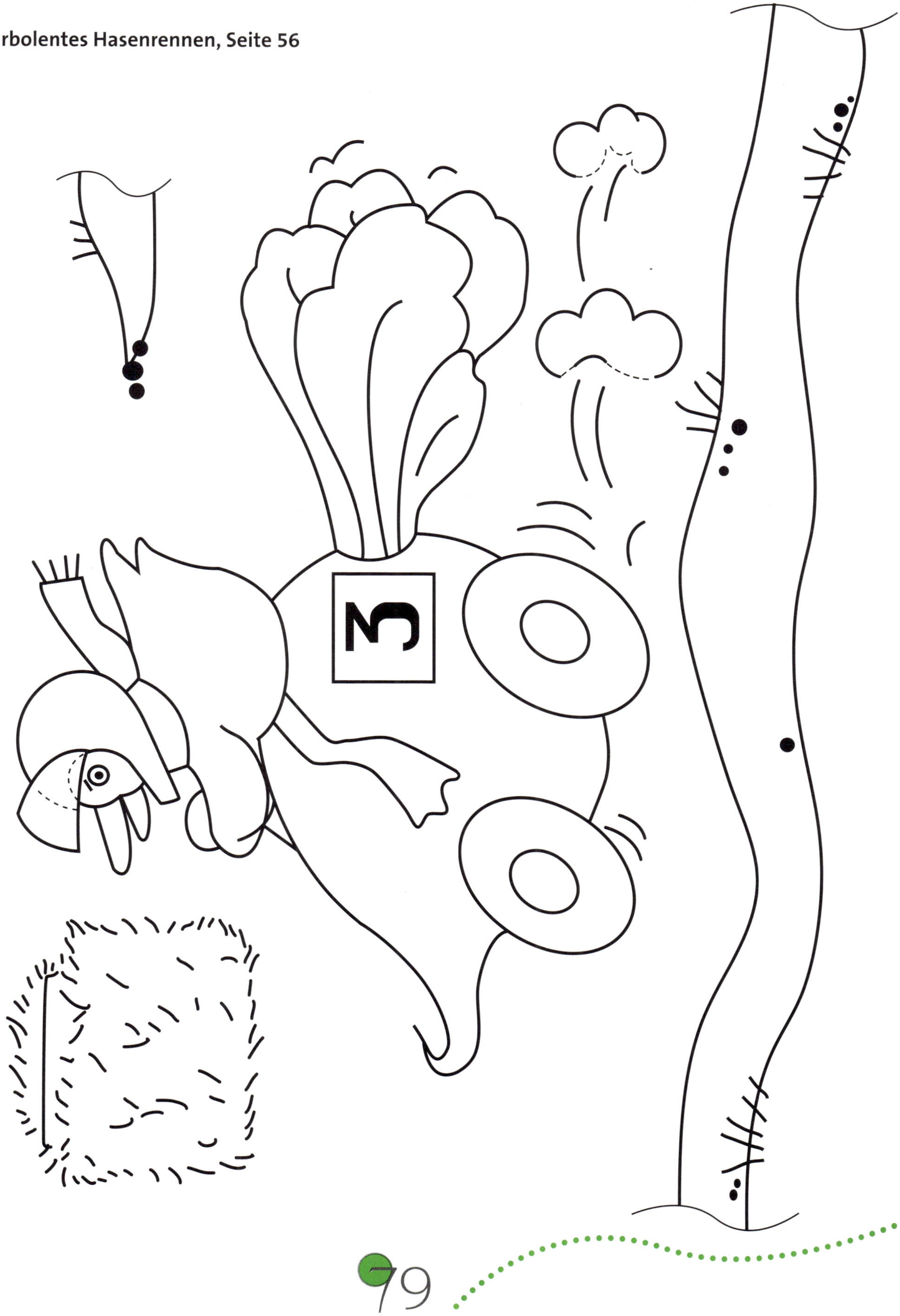
3

Der Text dieses Buches entspricht den Regeln der neuen deutschen Rechtschreibung.

Wir danken folgenden Firmen für ihre großzügige Unterstützung:
Bastelmaterialien Peter Smits GmbH, Blinder Weg 4, 46446 Emmerich am Rhein
Duni GmbH & Co. KG, Robert-Bosch-Str. 4, 49565 Bramsche
Eberhard Faber GmbH, PF 1220, 92318 Neumarkt
Knorr Prandell, Creative Hobbies GmbH, Bamberger Str. 21, 96215 Lichtenfels
Marabuwerke GmbH & Co., Aspergerstr. 4, 71732 Tamm
Pieper Design, Siepen 1, 42477 Radevormwald

ISBN 3 8094 1379 8

Umschlaggestaltung: Epsilon2, Konzept & Gestaltung, Augsburg
Projektleitung: Carina Janßen
Gesamtproducing: Epsilon2, Konzept & Gestaltung, Augsburg
Layout: Epsilon2, Konzept & Gestaltung, Augsburg
Redaktion: Christopher Hammond, München
Fotos: Immo Niedre, Foto Design, Augsburg
Zeichnungen: Epsilon2, Konzept & Gestaltung, Augsburg

Satz: Epsilon2, Konzept & Gestaltung, Augsburg
Druck und Bindung: Neografia a.s.
Printed in Slovakia

817 2635 4453 6271